PARALELO CERO



# Hello Goodbye

Roberto Vivero

*Para ti, Pilar.*

# *Primera parte*

EN un móvil suena la melodía de una vieja canción de los Beatles.

La chica tiene unos veinte años; es rubia, delgada, no demasiado alta, y ¡corre por el pasillo envolviéndose como puede en una toalla mientras intenta guardar el equilibrio! Más que caminar, patina, y lucha con la toalla para que no se le caiga y se le enrede en las piernas.

–¡Ya voy, ya voy!

Le habla al móvil pidiéndole paciencia. En su carrera va dejando un reguero de huellas mojadas. Su voz, acelerada, es alegre y más cantarina que la música de su teléfono.

–¡Digaaaaaaaaaaaa! –y no puede evitar soltar un grito de júbilo.

–... ¿Pilar? –dice una voz de mujer algo asustada, sorprendida por aquel alarido no sabe si de enfado o euforia.

–Sí, soy yo, ¿quién es? –pregunta Pilar algo más serena, ahora que la respiración no se le corta y la toalla no se empeña en dejarla desnuda.

–Hola, Pilar. Soy la tía Susi. ¿Te cojo en mal momento? –aquella voz, cálida y familiar, no se ha recuperado del todo de la impresión acústica.

–¡No, no! Acabo de salir de la ducha. Me estaba secando. ¡Qué sorpresa, tía Susi! –Pilar se sienta en el sofá del salón.

–Pues te llamo para... para pedirte un favor.

Pilar nota algo raro en la voz de su tía. Suena preocupada, y eso no es extraño en ella, pues ¿qué madre no está siempre de alguna manera preocupada por algo? Pero esta vez el tono es un pelín demasiado grave.

–¿Pasa algo? ¡Pídeme lo que quieras!

Pilar tiene un carácter alegre y dinámico, no se deja amilanar por nada y pocas cosas la entristecen sin remedio. Lucha contra viento y marea por sentirse a gusto consigo misma y con el mundo sin hacer daño a nadie.

–Ya sé que estando como estás en la universidad tendrás mucho que estudiar y poco tiempo para otras cosas.

–Huy, sí, sí, hay mucho que estudiar –Pilar no sabe cómo salir del paso, porque no quiere mentir, y tampoco dar la impresión de que no se desloma estudiando, precisamente–; pero siempre queda tiempo para otras cosas. Y más cuando se trata de la familia.

–¡Segundo de Filología Inglesa es muy difícil, seguro! Bueno, Pilar. Se trata de Ángel.

–¿Ángel, mi primo favorito? –pregunta dando un respingo.

–Sí, Ángel, tu único primo. La cosa es que su padre y yo estamos preocupados. Ya no sabemos qué hacer, qué decir.

–Me estás preocupando, tía Susi –Pilar percibe cómo la voz de su tía se va quebrando por momentos–. ¿Qué le ha pasado?

–Este curso está haciendo cuarto de ESO –la tía Susi logra contener la emoción–. Empezó con bastantes ganas para lo que es él, ya sabes.

–Tengo entendido que para Ángel el trabajo es sagrado: ¡no lo toca! –dice Pilar para quitarle un poco de hierro a la conversación.

–Así es, sí. Estas navidades se ha encerrado en su habitación, se ha encerrado en sí mismo...

–Tranquila, tía Susi –a Pilar le descompone oír llorar a su tía–. Dímelo con calma.

–Queremos que hables con él, Pilar. Queremos que él hable con alguien. Es que... –y las palabras salen de su boca como una bala que impactase en el oído de Pilar, pues la chica, de natural alegre y optimista, no esperaba nada parecido; el frío que siente no lo puede aliviar la calefacción del piso. Es que... ha habido una muerte.

* * *

Carlos, el padre de Ángel, termina de masticar el último trozo de carne. Lo que no acaba de digerir es la presencia de su hijo, cabizbajo, huraño y silencioso. Lo mira con atención. Ángel se ha dejado casi toda la comida en el plato y juega con ella moviéndola de acá para allá. Carlos se lo piensa y prefiere no decir nada.

Susana observa preocupada a Carlos y a Ángel. Teme que su marido se enfade, pues Ángel se ha especializado últimamente en hacer que su padre pierda la paciencia.

Cuando los tres han terminado (es decir, cuando Carlos y Susana han acabado de comer, y Ángel, de marear los restos de su comida), se levantan y comienza la danza que más preocupa a Susana, porque lo que baila Carlos es la contradanza de la huida a su cuarto.

–Un momento, señorito –dice el padre de Ángel en voz un poco más alta de lo necesario–. Recoge tus cosas de la mesa. Mira, que tú estés triste no nos convierte a los demás en tus criados.

–Carlos... –la madre de Ángel ve el peligro e interviene para que las aguas no se desborden.

–¡Ni Carlos ni leches! –parece que las aguas se desbordan.

Ángel, como un zombi, hace lo que le ordenan con una desgana manifiesta y golpea los objetos todo lo que puede aparentando descuido. Se va a su habitación arrastrando los pies. Una vez dentro, apenas oye lo que dicen sus padres.

–Ten paciencia, hombre –le dice Susana a Carlos con tono irritado.

–Puedo tener paciencia con su dolor, claro. Y por eso Ángel sabe que tiene toda la ayuda que necesita. Toda. Pero nada tiene que ver que Ángel sufra con que consintamos que se vuelva todavía más gandul de lo que ya es en condiciones normales. Permitir que se convierta en un monstruo egoísta no es educarlo. Tiene que aprender a sentir pena y no aprovecharse de la compasión de los demás.

–Eres muy duro, Carlos –pero Susana sabe que su marido tiene razón, aunque sus sentimientos muchas veces pasen por alto las razones.

–Ya me lo dirás dentro de unos años –le responde Carlos mientras se remanga la camisa para fregar las sartenes, negras como el futuro que vaticina.

* * *

—PUES ya ves, Paula, así se pasa los días.

Paula es la única abuela viva que le queda a Ángel. Es una viejecita de aspecto rechoncho y alegre, a pesar de que nunca le falta algún dolor que bien se guarda de hacer saber a los demás. Ángel jamás se imaginaría lo que sufre su abuela debido a sus dolores.

–¿Cuánto tiempo lleva así? –le pregunta a Susana, su nuera, mientras acepta una pastita.

Carlos no está en casa. Los jueves por la tarde también se trabaja en el banco. «Mejor que no esté mi hijo», piensa Paula, porque lo conoce muy bien y sabe que a veces se altera demasiado y las conversaciones se hacen un poco tirantes.

–Casi un mes –responde Susana, llevándose la taza de café a los labios.

Paula había llevado los pasteles favoritos de Ángel. Nada más llegar, preguntó por él y fue a su cuarto, pues Ángel no había salido a recibirla. Le ofreció los dulces y su nieto no mostró el más mínimo interés. Lo peor fue cuando intentó darle un beso: Ángel casi la aparta de un codazo.

La habitación de Ángel está a oscuras, parece una cueva maloliente. La ropa sucia se te lía entre los pies y la única luz que brilla es la catódica iluminación mortecina de las pantallas del ordenador y del televisor donde tiene conectada su consola. El aire que se respira es el que mueven las aspas de los ventiladores de los aparatos eléctricos, un aire cargado de polvo y calor.

–No quiere ayuda. No quiere ir a un psicólogo. Con nosotros, ya te lo imaginarás, no quiere hablar. Casi ni nos mira –la voz de Susana amenaza con quebrarse como si su corazón hubiera entrado en números rojos debido a la falta de ingresos emocionales de su hijo.

–Es difícil –dice Paula poniéndole una mano en su brazo–. Ha sido algo terrible.

* * *

PILAR se lleva la preocupación al campus. En clase no oye lo que dicen los profesores sobre fonética y gramática y literatura inglesa. En la biblioteca pasa hojas y más hojas sin enterarse de lo que está escrito en ellas. En el bar... bueno, en el bar se anima un poco, porque allí están sus amigas, y Pilar disfruta de lo lindo hablando con ellas y bromeando sin parar. Pero se da cuenta de que no está tan alegre como otras veces.

En ocasiones pierde el hilo de lo que se dice y no presta demasiada atención a lo que comentan acerca del último concierto al que han ido y del penúltimo novio al que han dado pasaporte.

Una pregunta ocupa su mente: «¿Cómo puedo ponerme en contacto con mi primo Ángel? Si lo llamo por teléfono, bien puede callarse o colgar, y todo estaría perdido; no podría insistir. Tampoco puedo plantearme ir ahora a charlar con él mientras le cojo la mano, más que nada ¡porque estoy a más de quinientos kilómetros! ¿Qué puedo hacer para que no se sienta presionado, invadido, para que conserve la libertad de hablar sin agobios?».

Ahora debe concentrarse. Tiene que darse prisa porque el tiempo corre, y el tiempo es caro en el cíber al que va para navegar por Internet.

¡Un momento!

¡Claro, eso es!

–¡Sí! –su grito de alegría levanta de sus asientos a los otros internautas, que la miran con reprobación por haber roto el sepulcral silencio de aquel sacrosanto lugar. Pilar pone cara de duende que pide disculpas por ser un poquito cabeza loca.

No puede llamar desde su móvil porque todavía no está en la franja horaria que le resulta más barata. Anda que no hay que hacer cuentas... Así que corre por la calle en busca de una cabina. En fin, corre solo un pequeño trecho, porque en seguida se da cuenta de que hoy día resulta muy difícil encontrar una cabina, y más difícil todavía, encontrar una cabina que no parezca el escenario de una reciente batalla campal. Casi asfixiada por la caminata, telefonea a su tía Susi.

–¡Eureka! –le grita a la pobre Susana, que casi suelta de golpe el auricular.

–Pero ¿qué pasa? –logra articular sobresaltada su tía.

–He encontrado la manera de hablar con Ángel. Dime su dirección de correo electrónico.

* * *

El director del IES Anselmo Leal, el instituto al que va Ángel, ha telefoneado para citar a Carlos y Susana a una reunión a las seis de la tarde en el centro.

Cuando Susana se lo cuenta a Ángel, este parece no inmutarse, pero un ligero movimiento de la boca delata su esfuerzo por disimular alguna emoción, tal vez simple curiosidad, tal vez una desconocida esperanza, quizá miedo, quién sabe.

–¿Quieres que digamos algo a los profesores, Ángel? Vamos a hablar con el director, con la orientadora y con tu tutora –su madre intenta acariciarle el pelo, pero él esquiva la mano con gesto brusco.

* * *

A la reunión asisten don Fernando, el director; Belén, profesora de Lengua y tutora de Ángel, y Alicia, la orientadora. Don Fernando tiene algo más de cincuenta años, es alto y fuerte, y en su rostro el espeso bigote hace que parezca un gendarme. Sin embargo, a pesar de su apariencia, es un hombre sereno y justo, y solo emplea medidas drásticas como último recurso. Recibe a Carlos y Susana a la puerta del centro. Aunque se conocen de vista, nunca han hablado, porque don Fernando sólo da clase en Bachillerato.

Ya en el despacho, intercambian los saludos de rigor y se sientan en silencio. El aire parece una red pegajosa tejida con hilos de tensión, casi de desconfianza. Los cinco adultos se miran sin saber muy bien qué actitud adoptar. En el centro de aquella red invisible está Ángel. Y junto a Ángel aparece, más invisible si cabe, el fantasma de un cadáver.

–Bien –carraspea don Fernando–, es decir… mal.

* * *

En ese mismo instante, Ángel revisa su correo electrónico.

Tiene un mensaje de alguien desconocido. Decide no abrirlo, porque hay que tener mucho cuidado con los virus. Pero el «asunto» le convence de que aquello no puede esconder un troyano: más bien se trata de un caballo de Troya parecido a una piñata, lleno de regalos y cosas divertidas. El «asunto» dice: ¡¡¡¡PRIMO, NO SEAS PRIMO Y ABRE ESTE MENSAJE, QUE SOY LA PILIIIIIIIIIIIIIIIIIIIIII!!!!!!

* * *

*12 de enero*

¡Hoooooooolaaaaaaaaaaaaaaaaaaa!
¡No soy un virus, no!
¡Soy tu queridísima prima la Pili!
¡Ángel, mi primo favorito! ¿Cómo estás? Hace mucho tiempo que no sé nada de ti…
Bueno, la verdad es que he leído en la prensa que estás hecho un cavernícola.
Pero ¿quién te manda mudarte a Atapuerca?
¡Con lo bien que cocina tu madre!
Ah, pero un cavernícola internauta, ¡eso sí!
Me gustaría contarte cosas y que tú me contaras cosas.
¡La universidad es más aburrida de lo que se cree! Bueno, digo las clases, ¡claro!
Anda, escríbeme.
¡Yo lo haré! ¡Muchas veces!
¡¡¡Es una amenaza!!!
¡Besos para mi Ángel de la guarda!

* * *

*12 de enero*

quien te a dado mi direcion

* * *

El tema del que tienen que tratar los cinco adultos no es plato de gusto. Sus mentes están demasiado ocupadas eligiendo la palabra más adecuada, menos hiriente. Quieren ser cautos, pero no dejan de estar a la defensiva. Cada uno va ofreciendo su punto de vista.

–Nos gustaría saber cómo ven a Ángel desde que ha empezado el curso –pregunta don Fernando con el cuidado de quien ha de caminar, como un funámbulo, sobre uno de los hilos de la tela de araña.

–Pues Ángel no está bien, eso para empezar –Susana rompe a hablar, movida por la necesidad de expresarse, de desahogarse–. En cuanto llega a casa, se encierra en su habitación y solo sale para comer o ir al baño. A mí me preocupa muchísimo. Cuando intento acercarme a él –y mira sobre todo a la orientadora–, me rechaza con violencia. No permite que le ayudemos. Está encerrado en sí mismo. Yo tengo miedo, la verdad. ¿Y si se está volviendo, no sé, un niño raro? También con su padre se muestra muy arisco, aunque esto no es del todo nuevo. Pero con su abuela, a la que tanto quiere, también se comporta casi con violencia. Todo el día con el ordenador y su consola, y casi no trabaja en casa y…

Susana no puede evitar comenzar a llorar. Se lleva el pañuelo de los ojos a la nariz y, sin darse cuenta, de la nariz a los ojos. Su marido va a sacar su pañuelo, pero parece que se lo ha olvidado en casa. Por fin, Belén, la profesora de Lengua, le ofrece el suyo a Carlos, y este limpia con delicadeza los mocos esparcidos por la cara de Susana.

Esta no puede evitar pensar en su hijo y verlo a través de sus propias emociones. Para ella, lo más importante es el momento que se vive en casa y el que Ángel está viviendo de piel para adentro a solas, sin que nadie hasta la fecha sea capaz de abrir el recipiente que contiene sus sentimientos. Pero hay otros asuntos, más generales, más amplios, menos sentimentales, que no se pueden obviar.

–Gracias, gracias. Y menos mal que los trámites oficiales no han resultado demasiado desagradables –continúa la madre de Ángel en cuanto se repone–. La policía le ha hecho preguntas, pero no han sido pesados.

–Sí, la policía ha interrogado a mucha gente, a profesores y alumnos –don Fernando hace una pausa. La pregunta que ahora quiere formular es delicada: tiene que ver con esos detalles materiales que molesta tocar cuando están en juego la salud y la felicidad–. Y, por otra parte, he de preguntarles, ejem, ¿piensan tomar alguna medida?

–¿De qué tipo? –pregunta Carlos, hablando por primera vez.

–Medidas legales –le responde el director, serio.

–¿Contra el instituto?

–Parece que le sorprende. Y su sorpresa me sorprende a mí –el bigote de don Fernando se tensa como un signo de admiración horizontal–. Mire. La familia de... de la víctima ha denunciado al centro. A nosotros nos parece absurdo. Los profesores estamos indefensos. Los críos llegan aquí como llegan y hacen lo propio de su edad: no tienen miedo a nada; para empezar, ni a sus padres. Mala cosa. A nosotros nos ata las manos quien luego nos exige responsabilidades. Todo esto dicho con el máximo respeto –el director frena su discurso por temor a molestar a los padres de Ángel.

–Estoy de acuerdo con usted –interviene Carlos, dejando en el rostro del director otra mueca de sorpresa. El padre de Ángel se deja llevar menos por las emociones y puede tener una visión de conjunto, no solo de la manzana que cae y se despanzurra contra el suelo, sino de todo el árbol y de las leyes que rigen la caída de todas las manzanas–. A mí tampoco me gusta cómo están las cosas en esta sociedad. Maleducamos a nuestros hijos y la responsabilidad la cargamos en los demás. Pero, eso sí, que nadie se atreva a reñir a nuestros amados monstruos. Nuestro hijo es un egoísta de tomo y lomo. Lo que ahora hace es una intensificación de lo que ya hacía: en resumen, nada. Pero ahora se aprovecha de su dolor, que no niego, para ser todavía más… cretino. Para mí, el cariño no puede sabotear la educación.

La conversación, al garete, parece dar bandazos en el mar de las múltiples preocupaciones que a unos y a otros tienen en vilo. Pero el tema es uno y el mismo: cómo es posible evitar que los daños de una catástrofe personal corran por doquier, radiales, en todas direcciones, como hilos de pólvora. Carlos no quiere dejar de constatar que se siente responsable de su hijo, y por eso desea comunicar que no lo ciega la perspectiva, la venda de ser padre.

–Es una actitud honesta y valiente –dice Alicia, la orientadora–. Yo apoyo su visión, como ya les dije en su momento. De todas formas, detrás de las maneras educativas más duras hay que tener siempre una especial sensibilidad para los adolescentes. El mundo emocional de los muchachos…

La psicóloga se lanza por el nuevo giro del camino de la conversación. Son asuntos que importan: ¿cómo portarse ahora con Ángel: hay que ser más paciente y compasivo, o tratarlo como siempre, para evitar así el peligro de que su bajo estado de ánimo se prolongue?

–Ya, ya –la interrumpe Carlos como si estuviera en su casa a punto de soltar una de sus filípicas–. Pero, dígame, ¿qué tiene que ver el mundo emocional con el hecho de esperar que tus padres sean tus criados? Dicho esto con el mayor respeto.

–Bueno, bueno –don Fernando interviene para reconducir la conversación por trochas menos escabrosas. Su bigote, como la aguja de un sismógrafo, ha empezado a moverse indicando peligro–. Tal vez nosotros mismos seamos meras partes de una de las piezas del engranaje de la enorme maquinaria de la sociedad. La sociedad actual nos condiciona a todos y la responsabilidad está más repartida de lo que creemos. Pero sí es cierto que hay un poco de hipocresía y un mucho de intereses que se inmiscuyen sin venir a cuento. Fíjense: hace unos años murió un profesor de este centro. ¿Lo sabían? No, claro. Los alumnos lo habían machacado, literalmente. Nadie dijo nada, nadie se escandalizó, nadie movió un dedo. Ahora tenemos encima a la prensa, cómo no, como buitres, disfrazando de interés público su interés comercial y su perenne necesidad de alimentar asuntos de los que hablar; y también tenemos sobre la chepa a las asociaciones de padres, al ministerio, y hasta a la Asociación Protectora de Animales... Todos quieren un culpable, con o sin justicia. Quieren una cabeza de turco, un linchamiento.

Don Fernando, como director, está muy preocupado por las consecuencias de lo sucedido en el funcionamiento del instituto. No puede olvidar tampoco a aquel colega que había sufrido vejaciones de todo tipo, hasta que ya no aguantó más, y cuyo caso no removió la conciencia de nadie, ni la de los padres ni la de la sociedad.

La tutora de Ángel cree que es hora de descender a la realidad que más les incumbe. Ya ha quedado claro que Susana y Carlos no van a iniciar una nueva batalla legal. Hay que centrarse en lo que les ha reunido: Ángel.

–Fui tutora de Ángel el año pasado. Lo conozco bastante –Belén es una mujer de unos treinta años, delgada, de pelo castaño y corto. Su apariencia siempre es agradable, tranquila, juvenil, tal vez porque viste muy parecido a como lo hacían aquellos hippies de los tiempos de Maricastaña. Susana mueve la cabeza asintiendo–. En mi clase siempre se porta muy bien. Estaré atenta a cualquier signo, preocupante o esperanzador, y les tendré debidamente informados.

La orientadora reconoce el instante de limar asperezas y de fijarse en la ayuda que se puede prestar, por encima de cualquier consideración sobre quién tiene la culpa y otros turbios temas relacionados con la amargura que pide revancha.

–Quiero decirles que mi labor como orientadora no contempla la intervención en asuntos personales –Alicia habla mirando a Susana. Parece que no desea encontrar la mirada de Carlos–. Pero haré una excepción. Estoy para lo que necesiten –y en un gesto no exento de nobleza, se levanta de su silla, se inclina sobre el padre de Ángel y le ofrece la mano.

Los cinco adultos dan por concluida la reunión. En resumen, don Fernando se queda tranquilo porque por lo menos los padres de Ángel no le van a buscar cuatro pies al gato del Anselmo Leal, y los padres de Ángel se marchan seguros de que en el instituto harán todo lo posible para que su hijo se recupere cuanto antes.

Así, la tela de araña ha dejado de parecerse a un agujero negro del que ni la luz puede salir.

* * *

*13 de enero*

¡Qué locuaz, Ángel!
¡Y qué ortografía! Anda, que tienes que tener contenta a tu profesora de Lengua…
Hace poco llamé a la tía Susi para pedirle un favor, y de paso le pedí tu e-mail. ¿Te molesta?
¡No seas gruñón, que eres demasiado joven para actuar como un carcamal!
¡¡¡¡¡Mejor actúa como una carcamusa!!!!!
¡Eh, cavernícola, sal un poco al mundo y habla con tu primita Pilar como si los dos fuésemos seres civilizados!
¡¿QUÉ TE PASA?!
Besos

* * *

*13 de enero*

no se si creerte

creo k mi madre t a llamado.

no me pasa nada

k me va a pasar?

estoy okupado.

adios

* * *

«¡MEJOR actúa como una carcamusa!». Con este extraño chiste, Pilar le quiere hacer un guiño a su primo Ángel. La historia viene de lejos.

Las familias de Ángel y Pilar viven en la misma ciudad: una capital de provincia que, si no es gigantesca, tampoco es de las más pequeñas. Viven aquí desde que, muy jóvenes, llegaron del pueblo para ganarse el pan. La añoranza de la tranquilidad del campo los empujaba a salir de la ciudad en cuanto tenían ocasión. Al principio iban a su pueblo de origen, pero a medida que la economía se lo fue permitiendo, empezaron a viajar por España.

Pilar le lleva cinco años a su primo, pero esta diferencia de edad no les impidió pasar muy buenos ratos durante las vacaciones que pasaron juntos. Ambos eran hijos únicos, y Pilar, desenvuelta y jovial, pronto asumió en los veranos el papel de hermana mayor.

Ángel apenas se enteró de cómo su prima dejaba la infancia para entrar en la adolescencia. Él era el típico niño que solo quería jugar y fastidiar a su prima cuando la veía tontear con los chicos. Pero Pilar sí estuvo plenamente al lado de Ángel cuando este comenzó a sentir «la llamada de la naturaleza».

–¡La llamada de lo salvajeeeeeeeee! –bromeaba Pilar para sacarle los colores a Ángel cuando lo sorprendía mirando embobado a alguna niña.

Esto había sido hacía dos veranos. Luego, Pilar se marchó a la universidad y la distancia entre ambos creció.

Sin embargo, aquel verano les sirvió para sellar una estrecha amistad. Habían ido con sus familias a pasar el mes de agosto en un pueblo de Toledo, El Toboso.

Ángel se quedó prendado de una muchacha del lugar. Pero no tuvo suerte. La chica le dio calabazas y él encontró consuelo en Pilar. Le había costado mucho abrirse a ella, confesarle sus más íntimos secretos y sentimientos, desplegar su dolor ante una mujer. Su prima no paró hasta que Ángel le contó todo lo que estaba viviendo. No era ninguna broma: el primer amor, como todos sabemos, es una experiencia tremenda; te puede elevar al cielo o hundir en el cieno.

Ángel sintió que había un vínculo especial entre Pilar y él. Además, los dos compartían la misma etapa vital y se comprendían mutuamente. Bueno, Pilar comprendía a Ángel mejor de lo que este podía entender a su prima.

De todas formas, Ángel era ya por entonces un chaval más bien introvertido y reservado al que le costaba hablar de sus sentimientos incluso con quien sabía que tenía una confianza ilimitada. Una vez que le contó todo a Pilar, casi sintió más vergüenza que alivio. Pero aquello le ayudó y le dio la seguridad de que en su prima tenía a su mejor amiga.

Pilar, muy en su estilo, intentó ayudarle con inyecciones de humor para que no se viniera abajo. Pero era tan tremendo el desasosiego de Ángel, que este les prometió a sus padres no volver a aquel pueblo nunca más. Lo que no les dijo es que era debido a que no deseaba tropezarse por nada del mundo con su esquiva Dulcinea.

–Tenéis que entenderlo, a Ángel no le gusta nada que le den... carcamusas –decía Pilar entre risas y sustituyendo así, las calabazas por el delicioso guiso toledano, sin que los adultos entendieran nada.

* * *

*14 de enero*

¡Huy, estás más soso que Miguel Ángel Muñoz!
¿Y no me preguntas qué tal estoy? ¿Ya no te acuerdas de cuando íbamos al pueblo y nos bañábamos en el río?
¡Eh! ¿Pero quién te ha enseñado a nadar?
Me debes una. ¡O más!
Así que dime: ¿qué te pasa?
No seas un Ángel de la Oscuridad.
Con todo lo que hemos pasado juntos… ¿O no te acuerdas de nuestras noches bajo las estrellas toledanas?
Besos y abrazos.

* * *

COMO había sucedido años atrás, en los planes de Pilar no entra rendirse. Sabe que si insiste, su primo Ángel acabará por quitarse la coraza del silencio. Así que se vale del mejor de los métodos: le recuerda que ella es Pilar, su prima, su amiga, la persona con quien ha compartido las primeras penas de su corazón.

Pilar intuye que Ángel está más encerrado en sí mismo de lo que su tía Susi le ha dicho. A ella ya le han llegado noticias del caso a través de la prensa. Se empieza a hablar del asunto y es casi imposible que Ángel no se dé cuenta de que Pilar puede estar enterada de lo sucedido aunque su madre no se lo haya contado.

«Tiene que estar muy hundido en su caverna para no ver lo que pasa a su alrededor», se dice Pilar. Además, tiene miedo de que molesten a su primo con entrevistas y preguntas que provoquen que Ángel se meta más en su dolor, en la intimidad de su angustia, para no sentirse amenazado por las invasiones del exterior.

Por eso respira aliviada cuando recibe la respuesta a su correo electrónico. Pero es un alivio agridulce, pues lo que Ángel dice es era para cortarle la respiración a cualquiera.

* * *

*15 de enero*

k estoy un poco..............

no se

k no tengo ganas de nada.

es k ha pasado algo.

no te an dicho nada?

seguro?

bueno te lo cuento

un dia de la última semana de clase antes de navidad teniamos gimnasia a primera hora y yo llegue pronto y yo baje el primero al gimnasio y llegue y abri la puerta entre y vi una escalera tirada en el suelo y un charco como de pis y caca y levante la cabeza y Jorge colgaba de una cuerda x el cuello

* * *

*16 de enero*

Esa es una experiencia muy dura, Ángel.
Lo siento por Jorge, claro, pero también por ti.
Supongo que estás hecho polvo.
A lo mejor no puedes quitarte la imagen de la cabeza. ¿Es así?
¿Era tu amigo?
Besos y un abrazo muy muy muy fuerte, Ángel mío.

* * *

*16 de enero*

no no era mi amigo

sabes?? por la noche sueño pero no es como un sueño xq siempre es igual
la cara hinchada de jorge nada +
todo el rato al principio tenia mucho miedo pero ya no
solo noto k me mira
como si me preguntase

como si me preguntase x k?

x k?????

y yo no se k decir
y eso me angustia tengo ganas de salir corriendo pero no puedo es como ver venir un tren enorme y negro y tu estas en medio de la via y tienes un pie atrapado entre los travesaños y oyes el pitido del tren grande

como una montaña y lloras y no puedes hacer nada

no es esto angustia???

* * *

*17 de enero*

¡Qué momentos tan difíciles estás pasando! Sí, es angustia lo que sientes. Imagino que el tren que se te viene encima ahora mismo es la monstruosa experiencia que has vivido. No me gustaría estar ahora en tu piel, te compadezco.
Pero creo que te entiendo (¡a pesar de tu manera de escribir!).
¿Me dijiste que Jorge no era tu amigo? ¿No te llevabas bien con él?

Besos para mi Ángel, ¡para mi Ángel de la Mala Ortografía!

* * *

*17 de enero*

Es k no es k escriba mal fijate es k como escribo en el chat pues me e acostumbrado a usar las palabras + cortas y eso

Pero a mi se me da bien el lenguaje y tengo una profesora muy maja de lengua

Jorge no era mi amigo no era amigo de nadie mi amigo Selmo siempre se metia con el xq jorge era callado y no jugaba a nada y siempre parecia tener miedo y no tenia amigos

todos se metian con el. Los k no nos metiamos con el nos reiamos de lo que los demas le hacian. Yo tambien me reia

ahora me siento mal

adios

* * *

*18 de enero*

Oye, Ángel, te voy a hacer una pregunta muy delicada: ¿te sientes culpable? ¿Crees que Jorge se ha suicidado por vuestra culpa, por tu culpa?

¿Hablas de esto con tus amigos? ¿Qué dicen ellos? A veces, hablar de estas cosas con la gente alivia un montón. No es raro que la cabeza se ponga a dar vueltas a lo loco cuando no contrasta sus ideas con la realidad o con las ideas de otras personas.

Dime, ¿cómo son tus amigos, Ángel, te pueden ayudar a dar respuesta a tus dudas?

Besos.

* * *

*18 de enero*

Mi mejor amigo es Selmo bueno se llama Anselmo

Lo k + le gusta es jugar al futbol y ad+ las chicas

siempre esta jugando al futbol y siempre tiene alguna novia

a mi me cae muy bien pero selmo se metia mucho con Jorge siempre le inventaba motes y canciones y chistes los demás nos reiamos fuera de clase no era igual era peor

en clase tenia algo de miedo a los profesores pero poco xq siempre presumia de k una vez k su padre fue al instituto y le grito y le insulto a la tutora xq le habia gritado a Selmo solo xq selmo le habia dicho a la tutora vete a tomar por culo

Pero selmo es muy divertido y tiene muchos amigos y te diviertes.

No hablo con el d jorge

* * *

*19 de enero*

¡Pues vaya una joya de amigo, ese Selmo! ¡Un diamante parece, pero en BRUTO!

¿Y no había nadie que se pusiera de parte de Jorge? ¿También las niñas lo atacaban?
No sabía que las aulas se hubieran convertido en selvas feroces. Aunque imagino que estas cosas siempre han pasado, ¿no?

Besotes.

* * *

*19 de enero*

Las niñas no se k hacian con Jorge

Bueno algunas pocas se reian creo

Otro chaval de clase k creo k me cae bien es Pico

Todos le tenemos un poco de miedo xq estuvo en esa carcel para menores d edad el correccional o algo asi.

en clase se porta bien pero no hace nada y los profesores lo dejan tranquilo.

Pico un dia casi le pega a Selmo xq hizo k Jorge se meara en los pantalones xq no lo dejo entrar en el baño y Pico k nunca habla nada con nosotros y siempre esta con gitanos y chavales de otros barrios se acerco a Selmo y lo cogio por la ropa y lo lanzo no se cuantos metros y Selmo se cayo al suelo de culo y ni intento defenderse.

* * *

* * *

*20 de enero*

Ese Pico (¿o es Picó?) parece un chaval con el que hay que andarse con cuidado. ¡Atención a las malas compañías!

¡Ajá! Así que la mayor parte de las chicas no atormentaba al pobre Jorge, ¿eh? Es que las mujeres tenemos mejor corazón que los hombres, ¿no?

¡Es broma, es broma! ¿O NO ES BROMA??????

Y hablando de mujeres… ¿cómo está tu vida amorosa, Ángel Cupido? A mí me encantan los cotilleos rosas, así que cuenta, cuenta.

Besos.

* * *

*20 de enero*

Dicen k le gusto a una chica

se llama Nuria
Pero a mi no me gusta mucho xq parece aburrida y es una empollona y tiene gafas y es un poco gordita

A mi me gusta Clara xq es tambien amiga de Selmo son vecinos.

```
Tiene los ojos azules es rubia y delgada. No
aprueba con buenas notas pero eso me da
igual pero no me hace caso.

A veces esta con Selmo pero creo k no son
novios no creo en clase a veces monta algun
alboroto pero poco y muchas veces esta con
chicos mayores
```

* * *

ÁNGEL relee el mensaje antes de enviarlo. Al día siguiente, viernes, en clase, se acordará de lo que le ha escrito a su prima Pilar.

Nunca se había detenido a observar a sus amigos, nunca los había mirado con los ojos de un extraño que se encuentra con esas personas por primera vez, con mirada crítica y curiosa. Son sus amigos, sus conocidos, y han llegado a serlo porque comparten gustos y aficiones, sin pensar demasiado. De esos gustos y aficiones sí puede hablar Ángel. Pero ¿y de sus amigos? Ahora es como si no los conociera, aunque esto suene extraño. Porque, veamos, ¿cómo son realmente esas personas que comparten con él tantas horas a lo largo de la semana? Es verdad que desde hace un mes Ángel no baja a la calle para pasar la tarde con Selmo y compañía, y tal vez esto le permite disfrutar de una distancia ideal para enfocar a sus viejos amigos de cuerpo entero, pues, a veces, estar demasiado cerca de algo nos impide verlo en su totalidad.

Así que cuando Ángel atraviesa el umbral del edificio, se puede decir que ya es otra persona, pues algo está cambiando en su interior. Entra en el instituto y se fija en muchos detalles generales, como, por ejemplo, en que el lugar al que va cada mañana se parece extraordinariamente a una cárcel, con sus corredores, sus pasillos, sus puertas cerradas, sus sirenas, su patio para dar vueltas y su crueldad oculta. Pero en esta cárcel no hay carceleros, en realidad. Los carceleros son los mismos que los presos: todos están en galeras, en el mismo barco, y navegan hacia la convivencia, hacia la libertad. Aunque la nave va dando serios bandazos, tal vez por el rigor del clima, tal vez porque los que reman no siempre lo hacen al unísono y en la misma dirección. Por el bien de todos, esperamos que a esta nave no le pase lo mismo que al *Titanic*... El año que viene estará en bachillerato, y eso ya es hacerse un poco mayor, así que tiene que obligarse, se dice Ángel, a ver las cosas desde un punto de vista más maduro.

En su fuero interno, Ángel tiene hoy un plan: quiere observar a sus amigos y conocidos como si se los encontrase por primera vez. Se ve a sí mismo como un antropólogo en medio de una tribu a la que desea estudiar.

Se da cuenta de que de Selmo, por ejemplo, solo puede decir que es su amigo. Pero ¿cómo es Selmo?

* * *

SELMO entra en clase silbando. Habla en voz alta. Se sienta, pero no se está quieto ni un segundo: se balancea en la silla, mueve la mesa arrastrando las patas, da golpes con los bolígrafos, tose sin toser, lanza carcajadas sin gracia, arroja objetos más o menos contundentes a distancias mayores o menores, pero siempre contra objetivos humanos; desobedece las sencillas órdenes del profesor de turno, se queja de que no oye, de que no ve bien la pizarra, se lamenta de que no le hacen caso, de que el profesor no repite lo que ha dicho solamente quince veces, solicita ir al baño cuando se les ha advertido desde principio de curso que no está permitido; simula que se orina, se le pasa, lanza puyas a los más débiles de la clase, insulta al niño negro (y este le devuelve el golpe con un sintomático insulto: «¡Vete a tu país!», sin entender lo que dice, pero repitiendo lo que mil veces le han largado); se rodea de sus amigotes, en los recreos juega al fútbol y actúa como un déspota: no sabe perder, se enfada y arrasa con todo lo que se le pone por delante, pega patadas innecesarias y de una dureza bestial. De vuelta a clase se mete con los pequeños, da empujones, baja los pantalones del chándal a los de pinta más tranquila, tira libros al suelo, arroja mochilas por la ventana, se abalanza contra las chicas para meterles mano, es presumido a más no poder y se va mirando en todos los cristales que reflejan su imagen; se vanagloria de tener la ropa más cara, el móvil más caro; hace reír a quienes le corean y humilla a los que le caen mal, aunque nunca se sabe qué hay que hacer o dejar de hacer para caerle mal; copia en los exámenes y, con todo, muchas veces no aprueba.

* * *

*21 de enero*

K tal Pilar??

Hoy me he estado fijando en mi amigo Selmo.

sabes? nunca lo había visto como lo e echo

hoy. Creo k no es un chaval demasiado amable pero yo sigo diciendo k es mi amigo.

Es k yo soy como el?????

A ver k me dices xq me sigue cayendo bien y me gusta estar con el y k me haga caso

* * *

*21 de enero*

¡Vaya con mi Ángel!
Así que ahora te dedicas a la observación en vivo, al trabajo de campo. ¡Eso está muy bien!
Andamos por el mundo sin verlo, estamos tan acostumbrados a verlo todo tantas veces que ya no pensamos en nada.
La verdad es que solo pensamos cuando las predicciones no nos salen bien, cuando lo que «tenía que» estar ahí no está; cuando lo que «tenía que» suceder no sucede. Entonces pensamos; pero, si te fijas, es una forma de pensar muy pobre y egoísta, porque en el fondo tampoco se quiere conocer lo que sucede: queremos restablecer el viejo orden para… ¿para qué? Pues ¡para poder seguir andando por el mundo sin tener que pensar!

¡Eh, qué rollo!, ¿no? ¡Es que tu prima siempre ha sido una empollona! ¡¿Se nota?!

¡A ver qué me dices tú de esto!

Besos.

* * *

El fin de semana pasa con más pena que gloria: Ángel, encerrado en su cuarto, y sus padres, impotentes, devanándose los sesos y el corazón sin saber qué hacer.

Con todo, casi se alegran de que su hijo se haya aislado. Las noticias sobre el caso de Jorge salen en la prensa y en la televisión como setas en el bosque. Sin delicadeza alguna, los comentaristas, espontáneos y profesionales, hablan de lo que está de moda sin conocer el tema en profundidad.

El domingo, una pequeña manifestación ha recorrido las calles del centro de la ciudad para protestar. No se sabe muy bien cuál era la protesta. La gente estaba indignada, asustada, qué sé yo. Que si los profesores, que si el sistema educativo, que si los presupuestos del ministerio, que si esto y lo otro. Pero allí nadie entonaba un mea culpa y, mucho menos, exigía prudencia y respeto. Cada uno a lo suyo, pero en manada.

«Ya se cansarán», se decían Susana y Carlos. Eso quieren, que se deje de hablar del asunto: más hechos y menos palabras inútiles. Y, sobre todo, lo que quieren es que Ángel sea el de siempre.

Por fin, es lunes.

Y ahí está Picó.

Picó no es amigo de nadie de la clase. Bueno, no es amigo de nadie del instituto. Quizá por eso hay quien lo tiene por enemigo de todos, siguiendo la nefasta lógica que afirma que si no estás conmigo, estás contra mí. La verdad es que Picó no se mete con nadie, no amenaza a nadie: va por libre.

Todos le tienen respeto. Saben que vive en un barrio conflictivo, se le ve con gente de la llamada peligrosa y parece tener diez años más que sus compañeros de aula. Con su indiferencia ante lo que le rodea demuestra que no necesita, en apariencia, a sus compañeros.

Llega a clase, se sienta, no se le ve trabajar mucho, pero no incordia, no interrumpe, no revienta el transcurso de la clase. En los recreos se sienta siempre en el mismo banco, en el más alejado de la puerta, bajo unos árboles. Allí pasa el rato, solo. A veces se le acercan tres o cuatro chavales con fachas no mejores que las suyas. Hablan un rato, se ríen, los chavales le dan la mano y se alejan dejándolo solo de nuevo. Durante los cambios de clase aprovecha para ir al baño o se queda en el aula, sentado en su sitio hojeando alguna revista, casi siempre de coches y motos.

No va disfrazado de miembro de ninguna tribu urbana. No le hace falta para tener el respeto de los demás. Es bastante flaco, pero de apariencia fuerte, ancho de hombros, alto. Tiene el pelo negro y lo lleva un poco largo. Viste ropa a todas luces barata, de mercadillo, casi siempre de colores oscuros, sin letras ni dibujos, una ropa que no dice nada.

Nadie sabe si aprueba o no. Pero tiene la misma edad que sus compañeros, y ahí está.

* * *

*24 de enero*

me e dado cuenta de una cosa. es raro.

cuando… cuando Jorge se mato durante unos dias en el instituto no paso nada. Todos se portaban muy bien. Los profesores tampoco gritaban y nos trataban con amabilidad claro xq nosotros no dábamos motivos para lo contrario

creo k esto duro poco

las cosas son ya como antes. Es como si todos hubieran olvidado a Jorge como si aquello no hubiera ocurrido.

es k solo yo me acuerdo???????????????
es k los d+ ya lo an olvidado????????????

* * *

*24 de enero*

No tengo ni idea, Ángel. Pero apostaría a que algunos no se acuerdan ni de la muerte de Jorge ni de que alguna vez existió Jorge.

Y creo que otros sí se siguen acordando, seguro, cada uno por diferentes razones, claro.

Intuyo, por tus palabras, que algo te ronda por la cabeza, que estás pensando hacer algo.

¿Me equivoco?

Besazos.

* * *

CLARA hace honor a su nombre. Incluso se le queda corto: tendría que llamarse Deslumbrante. Sus ojos son de un extraño color azul verdoso con vetas grises y brillan como piscinas al sol. Luce una melena larga y rubia que parece relucir incluso en la oscuridad de la sala de proyecciones, en la calle por la noche y, con mayor intensidad, en el fluorescente crepúsculo de la discoteca, donde se la puede encontrar todos los sábados sin excepción.

La ves y, seas chico o chica, te gusta. Pero Clara no es para todos: resulta tan hermosa que a veces, más que atraer, asusta.

A la mayoría de los chicos y de las chicas les parece lejana, inaccesible, y se limitan a hacer revolotear sus miradas como si fueran polillas alrededor de una luz irresistible. Además, siempre está rodeada de chicos mayores (pocas veces se la ve acompañada de chicas). En la discoteca jamás la descubres con chiquillos del instituto. Solo se salva de esta regla Selmo, uno de sus acompañantes fijos durante años, aunque cada vez se les ve menos veces juntos fuera del centro. Viven en la misma urbanización, en el mismo portal. Se rumorea que han asistido a míticas fiestas en pisos de universitarios en las que habrían hecho de todo.

No se sabe si su ropa es cara o barata. Nadie se fija en eso. Cualquier cosa que se ponga parece hecha para ella. Las faldas le gustan muy cortas, ceñidas; los pantalones, ajustados y de cintura baja.

Por supuesto, enseña con orgullo un bonito ombligo con *piercing* y luce, con una naturalidad como para poner a prueba la templanza de los nervios de cualquiera, unos tangas bien visibles y evocadores. Los rumores la persiguen; algunos dicen que un profesor le ha hecho proposiciones deshonestas... Más que para vestirse, se diría que Clara quiere la ropa para mostrar su cuerpo en todo su esplendor.

En clase no participa mucho. A veces tiene el humor subido de tono y hace enfadar a los profesores. Su risa, fuerte y abierta, es contagiosa, y también esto la ayuda a que nunca la reprendan con saña aunque se pase de la raya. Por lo general se limita a estar callada.

¿Sus notas? Va aprobando.

* * *

*25 de enero*

Ángel, perdona que te lo diga, pero tal vez deberías esforzarte un poco e intentar cometer menos faltas de ortografía.

Una cosa es la abreviatura, y otra, escribir «me e dado cuenta [...]». Omitir una «h» no es una abreviatura...

Porque, veamos, ¿tú no querías ser periodista? Pues entonces tendrás que empezar por manejar el lenguaje a la perfección.

¡Aunque dé bastante pena ver cómo los periodistas destrozan la lengua!

Besos

* * *

*25 de enero*

Es k como escribo muy rapido no me fijo. Pero lo intentare.

Sí sí quiero ser periodista. Me gustaria trabajar en un periódico (ehhhh, mira el acento!!!!!!!!!!!!!!!!!!!!!!!!!!) y escribir reportajes sobre guerras y asesinatos y misterios y sobre lo que sea pero k yo tuviera k investigar y luego contarlo.

Tengo k estudiar. Mañana tengo un examen… ¡¡¡¡¡¡de Lengua!!!!!!! Glug

* * *

¿ALGUIEN ha visto a Nuria alguna vez en una discoteca más tarde de las doce de la noche? Seguro que no. Quizá muy pocos la hayan visto ni siquiera a las once.

Nuria es la eterna subdelegada de clase. El delegado es, invariablemente, el eterno bobo elegido por los graciosos de turno para fastidiar a los demás. Es la subdelegada, pero es quien se encarga de hablar con los profesores y con los alumnos, y cuando hay problemas, hasta los graciosetes que se habían empeñado en que no saliera de delegada la llaman para que les resuelva la papeleta. Tiene un talante ideal para proponer ideas, aplacar los ánimos e introducir cordura.

De natural amable, no le niega el saludo a nadie, a nadie pone mala cara. Los profesores demuestran abiertamente que es su preferida, y ninguno de sus compañeros se siente dolido: lo entienden y lo asumen. Nuria, sin embargo, recibe los elogios casi molesta, y nunca se beneficia de los privilegios que le conceden.

En clase tiene dos amigas, María y Carmen. Por supuesto, son también unas empollonas de cuidado. Hasta se parecen en el físico. Nuria tiene un cuerpo bastante mono, pero un exceso de kilitos le prohibiría llevar, en caso de que quisiera hacerlo, un tanga con cierta solvencia. Su rostro, sin defectos, no resulta llamativo, quizá porque lo que más destaca son sus gafas. Además de llenar la mochila con kilos y kilos de libros de texto, siempre la carga con el exceso de peso de alguna novela que esté leyendo. Le gusta mucho Maria Gripe, la autora sueca, y se ha leído todo lo que de ella está traducido al castellano. La biblioteca –ese lugar con sillas, mesas, estanterías y libros al que se va a ligar o cuando está lloviendo– no tiene secretos para ella. Pertenece al equipo de ajedrez del instituto. ¿Y alguien ha visto a Nuria alguna vez sacar una nota inferior al nueve? Bueno, ¡pues sí! El año pasado hizo como optativa Taller de Teatro en alemán, y solo sacó notable. No porque se le dé mal el alemán, por supuesto, sino porque, según sus palabras, no se le da nada bien fingir.

* * *

*26 de enero*

Esta noche he vuelto a soñar Pilar.

Mi madre me ha dicho k he gritado me desperto y me volvi a dormir.

Mi madre me dijo k yo gritaba xq xq xq????????''

No recuerdo nada pero estoy seguro dk soñaba con Jorge

necesito contarselo a alguien

sabes?

cuando lo encontre Jorge no parecía Jorge. Al principio no lo reconoci.

Tenia la cara oscura los ojos se le salian y aunque estaba quieto colgado cuando lo vi después de levantar la cabeza del suelo habria jurado k se movia desesperado y me pedia ayuda y lloraba

Pero en el suelo en vez de lagrimas estaba la escalera como una sombra de su cuerpo y habia pis y mierda sabes? y con los ojos parecia preguntarme x q???????????

A kien le gusta ver un muerto??? Los vemos en la tele y te da igual pero la realidad es terrible Pilar

* * *

*27 de enero*

Querido Ángel, mi querido primo…

Pero ¿no has hablado de esto con nadie? Cuéntame todo lo que quieras. Si te preocupa que yo se lo cuente a alguien, olvídate de eso: será nuestro secreto.

Estás muy afectado, más afectado que los otros chicos, porque tú viste a Jorge muerto, y por eso tienes pesadillas y te encuentras raro por el día.

Todo pasará, ya lo verás, todo pasará.

Muchos besos.

* * *

*28 de enero*

Tengo miedo Pilar tengo miedo a volverme loco xq a veces no se muy bien si recuerdo o imagino o si olvido xq a veces pienso k cuando vi a Jorge el todavía estaba vivo y yo me kede alli viendolo retorcerse y no le ayude.

Pero tampoco estoy seguro. Los policías me dijeron k cuando lo encontré Jorge llevaba + d 15 min muerto

Tengo miedo a k se haya muerto por mi culpa

* * *

*28 de enero*

Querido Ángel, yo no soy ninguna especialis-

ta, pero creo que lo que te pasa es muy normal y tiene una explicación racional.
Primero, te aconsejo que escuches y hagas caso: no te empeñes en ir contra la realidad. Si la policía te ha dicho eso, esa es la verdad. Si tú piensas otra cosa, eso es porque algo te pasa por la cabeza. Y creo que sé qué puede ser: tú sientes que eres responsable de la muerte de Jorge, más que tus compañeros.
Bien, Ángel, lo que a mí se me ocurre es que dejes de romperte la cabeza y pases a la acción. Me has dicho que te gustaría ser periodista, periodista de investigación: ahora tienes la mejor ocasión de tu vida para estrenarte. Porque creo que así conseguirás exorcizar el fantasma de Jorge, lograrás que deje de aparecer por la noche en tus sueños.
Quizá Jorge te está pidiendo ayuda, y si le ayudas a descansar, también tú lo harás. Piénsalo.

Muchos besos.

* * *

Esa mañana, una fría y anodina mañana de sábado, Ángel se enfrenta al espejo con la misma actitud con la que se ha dedicado la última semana a observar a sus compañeros, a los compañeros que él prefiere o que más le llaman la atención. Todavía con los ojos torpes y lentos por culpa del pegamento del sueño, se mira a la cara. ¿Cuánto tiempo hace que no se enfrenta a su rostro?

Ve sus ojos marrones, del montón, se dice Ángel. Ve su cara sin defectos grandiosos, pero sin detalles que le den una chispa especial; una cara mediocre, vuelve a decirse Ángel sin mucha emoción. Ve su pelo, corto y negro, despeinado y grasiento, sin gracia, comenta Ángel, dándose la puntilla. Agacha la cabeza, y sus ojos tropiezan con una mantequillosa masa blancuzca, tipo flotador, que le cae sobre la cintura y lo rodea como un anillo de Saturno.

–Hum... Me temo que paso demasiado tiempo sentado...

A pesar de este repaso poco halagador, Ángel quiere empezar el día con nuevos bríos. Hay que tomar el timón, se dice mientras agarra con decisión el mando del grifo. Lo levanta, y el fuerte chorro de agua fría golpea el lavabo con la potencia de una cascada. Ángel llena de agua el cuenco de sus manos y se la arroja a la cara y la lava con saña. Nota cómo el agua empapa su rostro y desciende por él como si en su camino arrastrara escamas y pieles muertas. Con los ojos aún cerrados, se seca sin prisa. Abre los ojos y vuelve a mirarse.

Ángel tiene los ojos dulces color miel. Su mirada es perezosa pero inteligente. Su rostro no carece de cierta armonía que lo hace atractivo, si no al primer vistazo, sí al segundo. Y su cuerpo goza de la salud y las proporciones ideales para, trabajándolo, convertirlo, si no en Míster Mundo, sí en un chaval bastante majo.

Poco a poco, Ángel va recuperando sus viejos hábitos. En casa ya no hace vida de anacoreta. Como dice su padre, no se hace callos en las manos por colaborar en las tareas domésticas y se pasa buena parte del tiempo con el ordenador y la consola, pero por lo menos no se muestra tan adusto y hasta se pueden mantener con él conversaciones de más de cinco segundos. Algo es algo.

En clase, el orden vuelve a ser plenamente el de siempre: nulo. Y Ángel vuelve a reírse con las chorradas de sus compañeros. También se ha acercado más a Selmo, ha vuelto a mirar con ojos ávidos a Clara y, como novedad, ahora aprecia, para su sorpresa, que Nuria ha adelgazado un poco, y eso no le sienta nada mal.

Ahora que tiene una tarea, ahora que se ha dispuesto a investigar y a poner por escrito todo lo que averigüe, la calma vuelve a su cuerpo y a su mente. Cuando por la noche ve en sueños a Jorge, el miedo no se convierte en terror y algo nuevo sucede. Ángel oye su propia voz diciendo: «Te voy a ayudar, Jorge, te voy a ayudar».

# *Segunda parte*

EL lunes, Ángel le pregunta a Belén, su tutora, si puede hablar con ella.

Desde hace tiempo, Ángel nota que los profesores se portan con él de una manera más delicada sin resultar cargante. En especial Belén, que se prodiga en atenciones y con frecuencia incluso le toca el hombro o la cabeza con su bonita mano blanca y delgada. Esto le encanta a Ángel, aunque no deja de darle un poco de vergüenza cuando ve que algún compañero se da cuenta y hace algún gesto burlón.

Belén le dice que pueden hablar hoy mismo, en el recreo.

–Dime, Ángel –Belén lo invita a sentarse.

–Bueno... Es que... Es que a mí me gustaría ser periodista, y como tú eres profesora de Lengua, pues... –le cuesta hablar con fluidez, pues no está acostumbrado a conversar cara a cara con otros adultos que no sean sus padres.

–Ah, muy bien.

–Pues me gustaría saber qué puedo hacer para escribir bien –por fin suelta una frase entera sin trabarse.

–Eso tiene difícil respuesta –Belén frunce el ceño, y su rostro es, paradójicamente, todavía más sereno–. No creo que exista una fórmula mágica para escribir bien. Si esperas algo así, te vas a desilusionar con mi respuesta. Porque, por lo poco que sé sobre eso, para escribir bien hace falta trabajar mucho. Y trabajar mucho significa leer muchísimo, escribir muchísimo y hacer ambas cosas con los cinco sentidos, con la máxima concentración.

–¿Nada más? –la respuesta de Ángel no está a tono con las palabras de su tutora, parece que no la ha entendido del todo bien.

–Hombre, Ángel –empieza Belén, no demasiado sorprendida ante la incomprensión de su alumno–, en cuanto te pongas manos a la obra te darás cuenta de que no es poco. ¿Y por qué ese interés ahora?

–Pues... es que... Por nada –Ángel no quiere desvelar sus planes a un miembro del eterno ejército enemigo: los adultos; aunque es un miembro que a él le gusta mucho–. ¿Y qué más cosas hacen los periodistas? ¿Investigar?

–Algunos sí –y, movida por una intuición, Belén se atreve a hacerle una pregunta–: ¿Quieres tú investigar algo, Ángel?

–A lo mejor –es su escueta respuesta. Parece que quiere hacerse el interesante.

–Vaya –es la concisa respuesta de Belén. Parece que quiere hacerse la distraída.

–Sí. A lo mejor quiero investigar y decir algo sobre Jorge –pero Ángel no es tan duro como quiere aparentar, y al final, temiendo que Belén pierda el interés por él, confiesa todo lo confesable y, si le aprieta, incluso lo inconfesable–. Sobre la muerte de Jorge.

–Me parece muy interesante. Ángel. Tendrás que hablar con bastante gente –Belén opta claramente por apoyarlo en su iniciativa.

–No me importa. Lo haré –afirma Ángel en un arranque inaudito de confianza en sus posibilidades.

–¿Y qué quieres hacer con esa información?

–No lo sé. Por ahora, solo quiero saber.

–¿Saber qué? –Belén decide apretar un poco más la tuerca de la curiosidad.

–Saber por qué lo hizo.

* * *

ÁNGEL empieza a tener ganas de salir a la calle. La casa se le viene encima y ni Internet ni los videojuegos son ya capaces de evitar que se aburra.

Por fin, el martes le pregunta a Selmo qué va a hacer esa tarde, y Selmo no le presta mucha atención. Le responde de cualquier manera, como si le molestase que Ángel se dirigiese a él. Quizá tiene la cabeza en otras cosas, quiere pensar Ángel, sin excesiva convicción.

Por la tarde se reúnen en el parque a medio camino de sus respectivas urbanizaciones.

La ciudad, como ya se ha dicho, es la típica capital de provincia con pretensiones de gran ciudad. Aunque todavía se puede llegar a conocerla de cabo a rabo, hay zonas por las que nunca se va si se es un poco sedentario. Y, claro, en esta ciudad hay barrios con mejor o peor fama. El de Ángel y Selmo, donde está el IES Anselmo Leal, es de los mejores de la ciudad; sus viviendas son más caras y hay más zonas verdes. El centro les cae un poco lejos, pero tampoco es que vayan mucho por allí: tienen a mano un par de establecimientos comerciales con todo lo necesario para espantar el aburrimiento. Su ciudad no es de las más hermosas, no deja de parecer una suma de grisáceos bloques de edificios semejantes a búnkeres a ras de cielo en los que se encierra la gente con sus tesoros privados y sus pequeñas miserias.

Primero juegan al fútbol. Durante el partido, Selmo, más cabreado que de costumbre, la toma con todos, Ángel incluido. Luego se sientan en los bancos a hablar, a decir tonterías, como siempre, y a esperar a que se acerque alguna chica, porque suelen ser más divertidas que el mismísimo deporte rey.

En un momento dado, Ángel y Selmo se quedan solos. Ángel quiere aprovechar para hacerle algunas preguntas, para comenzar su investigación.

–Oye, Selmo. ¿Tú piensas en Jorge? –le suelta a bocajarro.

–¿Y eso a qué viene ahora? –la contestación de Selmo no tiene nada de amable.

–Yo a veces pienso en él. Me pregunto por qué hizo lo que hizo –Ángel pasa por alto la señal de prohibido el paso de Selmo y se lanza a la aventura de saber.

–Estaba loco, y punto –y punto y final, entendemos que quiere decir.

–¿Loco? –pero se ve que Ángel no se detiene ni ante los puntos y final.

–Sí. Iba a un loquero y todo –y esta vez su osadía encuentra el premio de la información.

–Yo no sabía nada de eso.

–Es que tú llevas un tiempo amariconándote y no te enteras de nada –en principio, el insulto no ha de sorprender, porque el vocabulario de Selmo está plagado de ellos, pero es para empezar a sospechar que le está cargando más de la cuenta la insistencia de Ángel.

–¿Y tú cómo lo has sabido? –Ángel cierra los ojos, hace oídos sordos al insulto y se lanza cuesta abajo.

–¡Y yo qué sé! Lo habré oído. No me des la brasa con ese imbécil.

–Sigues portándote tan mal con él ahora que está muerto como cuando estaba vivo –bueno, ahora sí que Ángel, por fin, opta por defender a Jorge.

–Vete a la mierda, ¿vale? –ahora sí que Selmo, por fin, opta por decir lo que le está viniendo a la boca desde que ha empezado esta conversación.

–No me digas que a veces, cuando estás solo, no piensas que todos tuvimos algo de culpa en...

No puede seguir hablando porque llegan sus amigos. Tal vez tenga que estar agradecido a esta interrupción: las cosas se estaban poniendo muy feas. Selmo le dedica una mirada furibunda.

Al poco llega Clara. En el acto, todos los chicos se ponen a hacer gansadas para parecer graciosos ante Clara. Todos menos Selmo y Ángel.

–No la mires con esa cara de mongolo, tío, que vamos a resbalar con tu baba –le espeta Selmo a Ángel con el claro propósito de humillarlo ante los demás.

–Oye, ¿pero a ti qué te pasa? –Ángel le responde con más incredulidad que violencia.

–Que te pierdas, imbécil –Selmo ya no se detiene ante nada. Parece que la presencia de Clara lo ha animado a ser más hombre, más machito, más bruto, en definitiva.

–Eh, Selmo –interviene Clara, para general sorpresa–. Cálmate, no seas borde.

–¿Vas a defender a este idiota? Vamos, Ángel, que todo el mundo sabe que estás loco por Clara. Dinos, ¿qué le harías si pudieras? Si supieras, mejor dicho. ¡Ja, ja, ja, ja!

–Me largo –Ángel no tolera la situación; allí ya no hay posibilidad de razonar.

–Cobarde –la palabra frena en seco a Ángel y hace que todos se queden callados, expectantes, esperando acontecimientos.

–¿Para qué quieres que me quede, para que me machaques y consigas que me ahorque? –Ángel, ante el peligro, ante lo ilógico de la situación, usa la artillería pesada, tal vez con bastante desproporción.

–Te voy a partir el alma, cabrón –Selmo, frío, seguro y lento como un reptil, avanza hacia Ángel. Tiene mucha experiencia en peleas y no pierde el control.

–Eh, eh –Clara se acerca a Selmo y lo detiene. Está claro que Ángel puede llevarse una paliza sin posibilidad de devolver ni un golpe, en caso de que quiera devolverlos–. Nada de tonterías. Déjalo en paz, Selmo, deja que se vaya. Mira, Ángel, por allí va Nuria. ¿Por qué no te vas con ella, con los que son como tú, y nos dejas en paz? –las palabras de Clara tampoco son de lo más amable, pero consiguen que Selmo se ría y se calme, y que Ángel dé media vuelta.

–Sí, creo que es mejor que me vaya –Ángel se aleja de allí más dolido por las palabras de Clara que por las de Selmo. Pero no va en dirección a Nuria. Esta lo ve y sonríe, pero tampoco hace ningún esfuerzo para alcanzarlo.

* * *

ESA noche, Ángel se arma de valor, que es la mejor arma del mundo, sobre todo cuando la acompaña el escudo de la prudencia, y pone el trozo de papel con el número garabateado en él junto al teléfono. Sus padres han salido y llegarán en cualquier momento.

Ahora o nunca.

Ángel no recuerda cómo ha llegado a tener el teléfono de Jorge, pero ahí está, listo para ser marcado.

¿Qué puede decir? ¿Cómo lograr que los padres de Jorge hablen con él? Está nervioso, y por eso no se lo piensa dos veces más.

–¿Diga? –pregunta una voz de hombre, una voz rajada, bronca y titubeante.

–Hola... Yo... yo soy un... un compañero de Jorge, y...

–¿Me estás tomando el pelo, o qué? –ruge aquella voz cavernosa con furia inesperada–. ¿Quieres que te deslome, hijo de puta? ¡Jorge está muerto, muerto, muerto!

Al colgar de golpe, el hombre casi le revienta el tímpano a Ángel. Es la segunda vez en menos de veinticuatro horas que lo amenazan con darle una tunda.

«Esto va a ser más complicado de lo que yo creía –se dice Ángel–. Entramos en territorio comanche, hay que vigilar la cabellera».

* * *

*1 de febrero*

Hola, Pilar.
Tengo un problema. Estoy en un callejón sin salida.

Selmo no quiere saber nada de Jorge no quiere saber nada de mi vamos.
He telefoneado a los padres de Jorge y un señor imagino k el padre pensó k era una broma pesada y me colgó el teléfono.
No se k hacer.
Hablé con Belen mi tutora y me dijo k lea y escriba mucho. Ya ves k he mejorado!!!!!!!
Belen me cae bien y aunque es casi vieja pues tiene unos 30 años a mi me gusta un poco.
Creo k puedo contar con ella pero no creo k ella sepa mucho sobre Jorge xq este era el primer año k le daba clase.
K puedo hacer ahora??

* * *

*1 de febrero*

Ángel, ten cuidado, a la gente no le gusta tocar ciertos temas, y hay algunos que reaccionan muy mal si se sienten presionados.

Habla con Belén, dile que necesitas información, que quieres hablar con el director. Seguro que él sí tiene datos y, además, te podrá poner en contacto con la familia de Jorge.

¿Por qué no hablas también con el psicólogo del instituto?

¡Pero cuéntame cómo estás tú! ¿Has estado moviendo los muebles en tu cabeza?

Besos.

* * *

*2 de febrero*

Lo k tengo en la cabeza es lo k tú me dijiste k si consigo saber xq se mato podre estar tranquilo. Es como decirle adiós.

Ad+ creo k algo me pasa por dentro xq no me siento muy comodo con lo k antes me gustaba los amigos y tal.

Seguiré tu consejo y hablare con el director y la orientadora

* * *

*2 de febrero*

Ya sé que la pregunta te parecerá rara…
¿Te gustan los Beatles?
¿Conoces una canción titulada «Hello Goodbye»?
¡A mí me encanta, la tengo como melodía en el móvil!
Mira, Ángel, me parece que tú tendrías que aprender a decirle a Jorge las dos cosas: hola y adiós.
Adiós, para que descanse donde quiera que sea.
Hola, para que te lleves bien con su recuerdo.
Escucha la canción: parece muy tonta, pero es emocionante y alegre.

¡Sigue buscando, Sherlock!

* * *

La mañana es gélida y húmeda como un sudario. Una pertinaz niebla se adhiere a las cosas y las viste de pesada irrealidad. La luz quita las ganas de salir de la cama. Casi da miedo poner el pie en el suelo, no sea que se abra y te trague. Cuidado, a ver con qué pie empiezas el día, Ángel. Es una mañana que trae tenebrosos augurios a quien le gusta hacer predicciones sobre el futuro en función de signos esotéricos. Incluso alguno podría decir que el día es tan feo que si cae nieve, será negra.

Ángel entra en el instituto dispuesto a dar un paso más en dirección a su meta. Pero este propósito le resulta bastante irrealizable, ya que, aparte de lo arduo de la tarea, en el fondo de su conciencia tiene miedo de lo que pueda averiguar.

Lo primero que ve cuando entra en el aula le encoge el corazón.

Escrita en su mesa con rotulador indeleble, en rojo chillón, se lee la palabra:

**GALLINA**

Solo puede haber sido Selmo. Para bien o para mal, es el único que tiene la valentía, o la falta de ella, para agredir de forma tan directa, aunque anónima.

Pero Selmo entra en clase y se acerca a Ángel como si tal cosa y le pide disculpas por lo de la tarde anterior.

–No seas cínico –le responde Ángel con sequedad.

–Pero ¿qué te pasa a ti ahora? –el humor de Selmo cambia en una fracción de segundo.

–Tú has escrito esto –y le muestra el insulto.

–¿Qué...? No, te juro que yo no he sido –la voz de Selmo intenta ser convincente.

–¡Mentiroso! –Ángel no se anda con tonterías. Le devuelve el insulto, pero a la cara.

–Te voy a reventar esa bocaza, gallina.

Ya está Selmo armando el brazo cuando Belén entra y, dándose cuenta inmediatamente de la situación, se acerca a ellos y de una mirada inhibe cualquier movimiento violento. Los dos chicos van hacia sus mesas cabizbajos. Si hace días Clara libró a Ángel de ser agredido por Selmo, hoy le toca a otra mujer, a Belén, salvarlo de una más que probable paliza.

Al finalizar la clase, Ángel le dice a Belén que quiere volver a hablar con ella. Su profesora lo mira con cierta desaprobación, pero no le niega lo que le pide.

Mientras charlan, Selmo los mira con ojos tan helados como la gélida mañana.

* * *

DURANTE el recreo, Ángel sube al departamento de Lengua. Pasa por delante del despacho de Alicia, la psicóloga. La puerta está abierta, y Ángel, mirando de refilón, cree ver a Selmo sentado frente a Alicia.

Belén está sola. Hace pasar a Ángel y pone cara de querer escuchar alguna explicación.

–Necesito ayuda –empieza Ángel.

–¿Para pelearte con Selmo? –Belén le descerraja la pregunta por miedo a que Ángel no vaya a tocar el tema.

–¿Qué...? No, no... Ah, ya sé –Ángel se hace cargo de lo que su tutora le está insinuando–. No pasa nada. Selmo está un poco pesado, pero yo no pienso entrar en su juego.

–Espero que así sea –Belén lee en el rostro de Ángel una sinceridad que revela determinación más que cobardía.

–Necesito ayuda. He intentado hablar con los padres de Jorge, pero no he podido. Los chavales tampoco quieren hablar del asunto, y lo he intentado con varios. Yo me siento mal.

–No sé si puedo contarte lo que sé –Belén siente la necesidad de ayudar todo lo posible a Ángel, pero sabe que en su trabajo hay reglas que no puede traicionar. La confesión, tan directa, que le acaba de hacer sobre su situación emocional la ha conmovido. Ángel confía en ella–. Tengo datos acerca de su vida familiar, pero no puedo dártelos, compréndelo. Sí puedo decirte que la vida de Jorge no era fácil, nada fácil. Tenía problemas, y no solo en el instituto.

–¿Puedo hablar con el director? –pregunta Ángel, recordando el consejo de Pilar.

–Se lo comentaré y ya te diré qué me dice –Belén ha suavizado sus facciones. Desea devolver a Ángel las buenas vibraciones que este le ha transmitido–. Así que te estás entrenando para ser periodista de investigación. Si pones algo por escrito y necesitas una mirada crítica, cuenta conmigo. Estaré encantada de ayudarte.

* * *

UNA semana después de esta conversación, Ángel no puede seguir mintiéndose a sí mismo. Tiene que afrontar la cruda realidad: en clase le están haciendo el vacío y cosas peores.

Selmo se las ha apañado para que los compañeros pasen de Ángel como de comer alpiste y para que los de su banda sumen al desinterés general una guerra de baja intensidad con la que minar la integridad de Ángel. A la elocuente indiferencia añaden dardos constantes: pasan a su lado y le insultan en voz baja, lo siguen de cerca, dentro y fuera del centro, por la calle, hasta el portal de su casa, y se ríen de él y le gritan barbaridades; lo acompañan al baño y se quedan en la puerta, le cierran el paso para obligarlo a que empuje a alguno de ellos, para provocar una pelea; lo bombardean con comentarios vejatorios, le roban el material escolar, le pisan libros y cuadernos, descalabran su silla y le colocan de todo en el asiento; lo amenazan con gestos y palabras susurradas en su oído, le dan balonazos en Educación Física, y se las arreglan para que todo esto no tenga testigos, para que todo se quede, si llega el caso, en la palabra de uno contra la de otro, nada más, con la sutileza que la maldad demuestra para ocultarse a la vigilancia y salir impune de sus bellaquerías.

Tan solo Nuria y sus pocas amigas se dirigen a él como siempre lo han hecho, con educación y una sonrisa en los labios. Pero no tiene mucho trato con ellas.

Ángel está inquieto. Pensar en ir a clase le da ganas de vomitar, siente que se queda sin aire y el corazón se le desboca. No se portan con él como lo habían hecho con Jorge, pero empieza a saber cómo podía haberse sentido el pobre chaval al ser diana de todas las pullas de los más cafres de la clase.

A duras penas van pasando los días. Los padres de Ángel notan que algo nuevo, y no precisamente bueno, está pasando, pero como saben por experiencia que Ángel solo hablará con ellos cuando él quiera, que suele ser nunca, no le atosigan con el tercer grado. Lo mejor que hace Ángel es no rendirse: muchas veces está tentado de quedarse en casa, pero intuye que si una sola mañana se queda en casa, al día siguiente le será más difícil afrontar la realidad. Así que se traga los nervios y poco a poco va sintiéndose mejor, no mucho, la verdad, pero por lo menos el malestar no va a más. Y por fin llega el día de hablar con el director.

Ángel necesita notar el apoyo del mandamás del centro: hoy ha presenciado una escena preocupante, inquietante.

En un rincón sombrío del patio que está entre la verja exterior y la puerta de entrada, Clara y Picó, embozados por la capa de la oscuridad, cuchichean, muy cerca el uno del otro, pero sin tocarse, formando una composición casi geométrica, extraña, de pesadilla. Entonces, como alertados por invisibles antenas, se giran hacia él cuando atraviesa su campo de visión. Sin parpadear, lo siguen brevemente con la mirada y vuelven a sus cuchicheos. Ángel se encoge dentro de su piel: Clara y Picó parecen dos mantis religiosas pendientes de sus movimientos.

Esta breve secuencia le parece la imagen de una alianza terrible. Ángel no tenía ni idea de que Clara y Picó fuesen amigos. ¿Y si Ángel se ha equivocado al culpar a Selmo de sus males? ¿Y si Clara ha decidido seguir la línea dura de Selmo por cuenta propia? Y, lo peor, ¿y si los tres están compinchados para acabar con él? Si en vez de tres fueran uno más, podría pensarse en los Cuatro Jinetes del Apocalipsis...

* * *

—No se puede hacer más de lo que se puede hacer –la críptica frase de don Fernando se enrosca en su bigote–. En clase, los profesores intentaban cortar de raíz los ataques a Jorge, tú lo sabes. Pero fuera del aula, ¿qué podíamos hacer: ponerle un guardaespaldas? Mira, celebramos una reunión extraordinaria con vuestros padres (con los que asistieron, quiero decir) para tratar el tema. Pues bien, nadie quiso implicarse. Cosas de chiquillos, dijeron, mi hijo es incapaz de hacer eso, etcétera. ¿Así que en la calle son cosas de chiquillos y en clase son conductas violentas? En fin, ya ves, nadie quiere responsabilizarse y todos echan balones fuera –don Fernando hace una pausa para preguntarse si realmente aquel chaval entiende todo lo que le está diciendo–. Luego, el inspector, para más inri, nos tiró de las orejas. Jorge vio a Alicia unas cuantas veces, pero dejó de acudir a las citas. Él ya iba a un psicólogo, además –al llegar a este punto, Ángel pone cara de sorpresa, pero no porque no sepa esto, sino por todo lo contrario–. ¿Tú sabes dónde vivía Jorge? Su barrio no es de los más tranquilos, precisamente. Vivía encerrado en casa. Solo salía un par de tardes a la semana, ya sabes –pero Ángel no sabe, y tampoco presta mucha atención a este comentario. No quiere que el director se interrumpa–. Y sus padres... Bueno, Jorge no tenía en casa un ambiente ideal. Su madre, Josefa, tiene problemas de salud. Y su padre... también. Los padres de Jorge están en pleno proceso de divorcio. Y esto suele caer como una losa sobre los hijos –hace una pausa para coger aire con el bigote–. Más o menos, este es el panorama. Jorge no encontraba un poco de cariño en ninguna parte –vuelve a detenerse para rumiar lo que acaba de decir–. Habla con Alicia, tal vez ella te diga algo más.

* * *

ÁNGEL asimila la información con sentimientos contradictorios. Por una parte, casi se alegra de saber que Jorge había tenido una vida tan penosa, porque así él puede sentirse menos culpable. Por otra, le entristece muchísimo pensar en una desértica vida sin gota de felicidad.

–Espera, Ángel.

Acaba de salir del baño y la voz de Nuria lo llama. Se pone nervioso. La tiene delante, muy cerca. ¿Por qué no sabes dónde poner los ojos, Ángel? Es la primera vez que la tiene tan cerca. El corazón casi se le sale del pecho, pero no es como cuando por la mañana sale por la puerta de su casa. Estas punzadas en el corazón no dejan de producirle un extraño placer. Nuria no es la chica más guapa de la clase, pero ha empezado a gustarle sin que él se dé cuenta. Sí, Nuria no es una descarada como Clara, seguro que todavía no ha estado con ningún chico; es tranquila y cabal, y no deja de poseer un candor que adorna su cuerpo como ninguna ropa provocativa puede hacer.

–Nunca hemos hablado. Solos, digo –la voz de Nuria acaricia los oídos de Ángel–. Hasta hoy. Quiero decirte que puedes hablar conmigo. De lo que sea. ¿Vale?

–Vale –hay intriga en las palabras de Nuria. Ángel no sabe qué añadir. Y mucho menos cuando ella le estampa un par de besos en las mejillas, provocando que estas pasen por toda la gama de colores del arco iris.

–Esto es para presentarnos formalmente.

* * *

EL despacho de Alicia sorprende a Ángel por su tamaño minúsculo y su falta de ventanas. Parece una madriguera o, mejor, una trampa para cazar conejos.

Las maneras de Alicia, aunque atentas, dejan un regusto de impaciencia. Es como si nunca estuviera segura de saber lo que se trae entre manos.

La orientadora es corpulenta y feucha. En la parada del autobús, casi nadie le dedicaría una mirada galante. Su voz es su punto fuerte: suena melodiosa como canto de sirena.

–Perdona que haya tardado tanto en darte cita, pero no eres el único que anda haciendo preguntas –a Ángel no le gusta que Alicia le pida disculpas: él entiende que ella tiene mucho trabajo–. Si lo que te mueve es una inquietud interna, personal, te atenderé el tiempo que haga falta. Pero si tu objetivo es saciar algún tipo de curiosidad morbosa, no creo convenientes estas conversaciones. Perdona que sea tan franca –«¿tal vez tendría que haber dicho "perdona que sea tan brusca"?», piensa Ángel.

–No es curiosidad o algo así como cotilleo. Es necesidad. Necesito saber por qué se quitó la vida Jorge. Al principio, yo me sentía tan culpable que hasta llegué a pensar que lo había visto cuando todavía se retorcía en la cuerda, y que yo no había hecho nada para salvarlo.

–Sabes que eso no fue así. No vuelvas a pensarlo, no es real –la profesionalidad le sale por los poros, y eso tal vez es más una barrera que un puente. A Ángel le gusta más su prima–. Entiendo lo que me quieres decir. Sinceramente, eso nos pasa a todos: todos nos sentimos culpables en algún grado. Es normal. Después pasa el tiempo, y el exceso emocional tiene que dejar paso a la verdad, a secas. Porque la verdad es la que ahuyenta a los fantasmas.

–Sí, eso quiero, alejar de mí el fantasma de Jorge –parece que Ángel empieza a cogerle gusto a hablar con Alicia. La franqueza de esta, desde luego, evita que uno pierda el camino–. Decirle adiós al fantasma y hola al recuerdo.

–Eso está muy bien dicho, Ángel. Me sorprende y me alegra que pienses así –el elogio es sincero.

–He averiguado que Jorge también tenía problemas fuera de clase –dice Ángel sin citar sus fuentes.

–Sí. Su familia no le aportó toda la paz que necesitaba. Jorge estaba en tratamiento psicológico, además tomaba medicación para la ansiedad y la depresión.

–¿Pudo eso influir en su decisión?

–Más bien, la medicación no pudo evitar ese desenlace. Es como cuando te tomas algo para atajar un constipado, pero la dosis llega tarde o es insuficiente.

–Nadie sabía nada de eso, digo los chavales.

–Lógico. Hay chicos de tu clase que acuden a consultas psicológicas y los demás no lo sabéis. No pasa nada: cuando uno tiene un dolor, acude al médico. Nada más.

–¿Y hablaba él contigo?

–Durante un tiempo sí, pero luego dejó de hacerlo –aquí parece que a Alicia le flaquea la voz. También ella tendrá sus comeduras de tarro, seguro.

–¿Y hablaba de nosotros, de sus compañeros?

–El contenido de esas sesiones es confidencial. Puedo decirte que apenas hablaba. Pero no te preocupes: jamás se quejó de ti, si es lo que tienes en mente. Disculpa.

Llaman a la puerta. Alicia sale del despacho y permanece fuera cinco minutos. El tiempo suficiente para que Ángel aproveche ese golpe de suerte. Ve sobre la mesa el informe de Jorge. Duda, pero no mucho, la verdad. Abre la carpeta con dedos ágiles y lee la dirección de los padres de Jorge. Cierra la carpeta y entra Alicia. Se sienta y no parece notar nada.

–Perdona. Como te decía, no eres el único que busca respuestas.

–La familia, claro.

–No, no, la familia me temo que busca otra cosa... Tenemos a todo el mundo encima de nosotros: policía, periodistas, padres, ministerio. Y todos tienen la misma información que ahora tienes tú. Así que imagino que los padres de Jorge no se saldrán con la suya –Alicia se deja llevar por el calor de sus palabras y por la cálida escucha de Ángel.

–¿Con qué quiere salirse la familia? –pregunta Ángel aparentando candor.

–Dinero. El dinero que les darán si se llega a la conclusión de que se suicidó por nuestra culpa.

–Pero eso es ridículo –y es verdad que Ángel piensa que eso no tiene ni pies ni cabeza. Vamos, ni que el IES Anselmo Leal fuese Villa Mangaporhombro...

–Falta un dato crucial. Hay que saber cuál fue el detonante, la causa final, la gota que colmó el vaso del dolor de Jorge: qué o quién le dio el empujón definitivo.

* * *

Los padres de Ángel siguen preocupados por él. Después de muchos días de relativa tranquilidad, últimamente lo ven absorto, ensimismado. Bien es cierto que notan la diferencia de este ensimismamiento con respecto al de cuando empezó esta historia, pero como no saben de qué va la fiesta, temen que se recrudezcan las rarezas de Ángel. Los padres siempre son los últimos en enterarse de las cosas, y mientras no lo consiguen se montan unas películas alucinantes en la cabeza. ¿Y qué van a hacer?

Ángel come algo menos, habla también algo menos, se encierra en su cuarto y, cuando entran, lo ven sentado, escribiendo, pero no en el ordenador, sino en una libreta. Escribe y escribe, y ni se entera de que han entrado en su habitación. ¿Qué hay en esa libreta? Por supuesto, Susana, su madre, ha tenido que luchar mucho contra la tentación de fisgonear, pero Carlos, su marido, la riñó y le dijo que ni se le ocurriera hacer tal cosa.

Hablaron con Paula. La anciana trató de hablar con Ángel, pero él se mostró esquivo, aunque ya no arisco. Susana telefoneó a Pilar, y esta le dijo que ya no se escribían con tanta frecuencia como al principio, pero que lo veía mucho mejor, más seguro y centrado. Tuvo la precaución de no contarle nada sobre su investigación, porque se lo había prometido a Ángel y no quería traicionar su palabra. Pilar sabía que si se lo contaba a Susana, esta se tranquilizaría, pero no podía hacerlo. Todos tendrían que tener paciencia y esperanza.

Pero desde hace una semana hay que confesar que Ángel ha empeorado. Una mañana, la monotonía en la que lo había hundido su soledad salta como la metralla.

Ángel camina, como en él es ahora habitual, con la mirada arrastrada por las baldosas del suelo. La luz entra por las ventanas cosiendo el pasillo con puñaladas calamitosas: si uno se deja llevar por sus haces, verá por la ventana, a lo lejos, el desolado páramo de las deslucidas colmenas humanas. Del otro extremo del corredor viene Picó. Ángel calcula que no hay peligro de que ninguno de los dos tenga que desviarse para dejar paso al otro; cada uno va por su lado. Pero Ángel, confiado, pierde de vista a Picó para volverse invisible y para que el largo trayecto no se le haga eterno. Por eso, cuando recibe en el pecho el impacto del hombro de hierro de Picó, casi se pone a gritar, y si no se da de bruces contra la cuadrícula del piso es porque Picó lo aferra con fuerza despiadada. Lo agarra y le dice, entre dientes, al oído:

–Mucho cuidado.

Temblando y con el hombro dolorido, Ángel se queda plantado como una estaca en medio del pasillo. «Mucho cuidado». Y la advertencia tiene dos testigos de excepción: en una punta del pasillo, Ángel ve a Clara, atractiva como un abismo, con una enigmática e indescifrable sonrisa de Mona Lisa en sus labios; en la otra punta de aquel túnel de luz inerte, Nuria, escandalosa en el candor de su belleza, observa el choque y sus secuelas con rictus serio e impenetrable.

* * *

*10 de febrero*

Pilar estoy preocupado

Empiezo a tener miedo no miedo a saber k jorge se mato x mi culpa miedo a matarme como jorge.

* * *

*10 de febrero*

¡¡Pero Ángel!!

Oye, no quiero alarmar a tus padres, así que intenta no alarmarme a mí.
Estoy conectada, ya lo ves. O te llamo por teléfono o chateamos. ¡Pero no me voy a quedar cruzada de brazos mientras me hablas así!

CONTÉSTAME YA o llamo a tus padres.

* * *

*10 de febrero*

Vale quedamos ahora mismo en la sala de chat de este servidor

* * *

–Eh!!!!! Qué pasa???? Qué son esas cosas que me dices???

–no estoy bien tengo ganas de llorar

–pero qué te ha pasado, porque ha pasado algo, no?

–es k todo es una mierda todo se me viene encima o abajo o……….

–tranquilo, Ángel, párate a poner en orden tus ideas

–cada vez me parezco + a jorge. En casa estoy encerrado en mi cuarto escribiendo sobre jorge es como si me estuviera vampirizando. En clase me desprecian yo no se si me gusta Clara o Nuria. Selmo y Picó quieren arrearme y mis padres van a divorciarse

–QUÉEEEEEEEEEEE?????????!!!!!!!!!!! Pero por qué dices eso?????

–la familia de jorge también se rompio y no tenia nada k le diera felicidad y a mi me está pasando lo mismo

–no exageres, Ángel, no exageres. Cálmate, por favor

-y encima me creo k voy a saber x q se mato Jorge cuando hay + gente investigando y nadie puede llegar a saberlo

-eso son exageraciones que se te ocurren ahora porque estás demasiado conmocionado. Qué es eso de que tus padres se van a divorciar?

-hoy cuando llegue de clase los oi pelearse. Oyeron que abria la puerta y pararon pero durante la comida ni se hablaron

-lo mejor que puedes hacer es preguntarles a ellos directamente qué les pasa, por qué han discutido

-no no no eso es imposible no me atrevo

-yo no sé qué decirte, Ángel. Los matrimonios discuten y eso no significa que se rompan. Y, además, sé razonable: si todos los hijos de divorciados se suicidaran, cuántas muertes habría cada día?!!

-pero son más cosas es todo junto todo junto

-se me ocurre… espera… por qué no hablas con la abuela Paula? Ella te quiere mucho y seguro que resuelve tus dudas. Sí!!!!!!!!!! Hazlo, ya verás

* * *

TIENE que faltar a clase, no hay más remedio. De todas formas, el viernes dispone de un par de horas libres. Si aparece por allí por la tarde o durante el fin de semana, cabe la posibilidad de que lo reconozca algún chaval del instituto. Y eso es lo último que Ángel desea.

Una avenida de cuatro carriles, siempre infestada de coches, separa los barrios de Ángel y Jorge como un río que une y distancia dos ciudades, dos mundos ajenos entre sí salvo por un punto de encuentro. En el centro de aquel barrio al otro lado de la sucia corriente de cemento contaminada de octanos, en el «lado oscuro» (como dice una canción) de la línea de sombra, en su centro, tiene, como una metáfora macabra y perfecta, el corazón poblado por muertos: el cementerio parece respirar con la agitada lentitud de un agonizante, y allí, igualados por el rasero de la fatalidad, se dan la mano los dos barrios, las dos ciudades, los dos mundos. Ahí descansa Jorge.

Ángel sólo ha ido un par de veces por allí, siempre acompañado, así que le ha costado encontrar la calle en aquel laberinto de pasadizos angostos y sin luz, entre aquellas callejuelas habitadas por vagabundos y drogadictos, muertos vivientes huidos de sus tumbas, entre aquellos callejones sin salida de la vida echada a perder entre horrendos nichos de hormigón desconchado y macilento. Pero ahí está la casa.

Respira hondo.

Llama al timbre.

Y no pasa nada. Es decir, no se oye ningún sonido. El timbre está estropeado. Mal empezamos. Ángel golpea la puerta con los nudillos; no lo hace muy fuerte, pero sí lo suficiente para que la puerta se abra o, más bien, parezca caerse, tan vieja y débil se la ve.

–¿Hola? –dice Ángel en voz alta–. ¿Hay alguien?

Ángel empuja un poco más la puerta y, casi sin saber lo que hace, da un paso y traspasa el umbral. Y, casi en volandas, entra de golpe.

Alguien lo ha agarrado por la ropa y lo ha metido en la casa volando.

–¡Me cago en tus muertos!

Esta voz barriobajera y cortante es lo último que oye Ángel antes de perder el conocimiento. Lo último que ve es un puño con dos enormes anillos de oro a cinco centímetros de su aterrorizada cara.

* * *

–PERO macho, despierta, coño. Vaya un ratero de mis cojones...

Como si pesaran una tonelada cada uno, Ángel levanta a duras penas los párpados y ve ante sí a un joven de unos treinta años, mal afeitado, enjuto, de pelo largo y no muy limpio; desnudo, a pesar del frío, de cintura para arriba; lleno de tatuajes y con un cigarrillo en la boca que desprende un olor que desde luego no es a tabaco. Flaco y amarillento, aquella temible presencia está sentada al borde de un sofá raído y con las tripas fuera, donde él yace más hecho polvo que el propio mueble.

Lentamente, Ángel le explica a aquel individuo, él sí con pinta de ratero, que es un compañero de Jorge y que ha venido para hablar con sus padres.

Mientras habla, le echa un fugaz vistazo a la casa: la pintura de las paredes es de un color sospechosamente parecido al de la mugre, y los objetos que abarrotan el lugar hacen que parezca un caótico mercadillo de materiales de desecho.

–No están en casa, ya lo ves. Y mejor para ti. De todas formas, no te iba a servir de nada. Me llamo Raúl –le tiende la mano, también tatuada con misteriosos puntos–, pero todos me llaman el Raya. Soy el tío de Jorge.

Ángel, más tranquilo al ver que, de momento, el Raya no se lo va a comer, le cuenta los motivos y antecedentes de su visita.

–Cuando Jorge se mató, yo estaba en la... –aquí duda el Raya, aquí busca una palabra y no la encuentra– estaba... de viaje. Acabo de salir..., digo, acabo de llegar, y me encuentro este pastel. El pobre chaval –y en este punto le da una profunda calada a lo que sea que esté fumando–, es que nació de culo. Luis, su padre, también llamado el Esponja, o el Vega Sicilia, dependiendo de la mala baba de quien se refiera al menda, es un borracho sin remedio desde que tenía doce años. O menos. Anda que no le da al tetrabrik. Y Josefa, su madre, que es mi hermana mayor, aunque me jeringue confesarlo, y mira que yo no suelo confesar ni aunque me torturen haciéndome escuchar el CD de Andy y Lucas; digo que la Josefa, también llamada la Abogada, del Diablo, añado yo de mi cosecha, se pasa todo el día pleiteando con los vecinos –otra generosa calada, y la lengua del Raya parece una pasta que se le pega al paladar–. Viven casi del aire. Jorge vio de todo en esta casa: insultos, amenazas, palizas... El chaval era bueno como el pan. Tampoco valía para vivir en este barrio. Aquí nadie se anda con chiquitas. Esto es una selva –no sabemos si esto lo dice con disgusto o con auténtico placer. El Raya mira casi sin mirar con sus ojos turbios como lunas pajizas–. Es que el Jorge no valía para vivir en este mundo, vamos. Lo único que le gustaba y con lo que se iba del mundo era el ajedrez. Y no se le daba nada mal. Yo le enseñé a jugar. A mí me enseñaron en... en uno de mis viajes. Pero por culpa de mis ausencias, ya sabes, el trabajo y todo eso, es que yo tengo un trabajo un poco movidito; pues eso, que, por todo lo dicho, yo no tenía mucho tiempo para jugar con él. Así que el Jorge se buscó la vida. Se iba a jugar por la tarde al instituto, y creo que estaba en un equipo o algo así –el Raya pone cara de hacer un gran esfuerzo intelectual–. Ahora que recuerdo... Últimamente, hasta creo recordar que en una visita que me hizo..., ejem, al hospital, pues me dejó caer que le gustaba una pibita. El pobre, ya me dirás qué encanto iba a tener el Jorge para una cachorrita. ¡Joer, es que no se parecía en nada a su tío, eh! –esto lo dice con un orgullo que casi no le cabe en el esquelético cuerpo, saturado de venas–. La verdad es que yo no sé cómo le iba en clase. A ver, dime, os portabais bien con él, ¿no?

* * *

EL fin de semana se le pasa a Ángel dándole vueltas a lo que el Raya le ha contado. Empieza a recopilar piezas del rompecabezas, pero todavía no consigue vislumbrar la imagen completa.

Acostumbrado a la desazón, si es que alguien puede acostumbrarse a las sensaciones desagradables, Ángel no se lleva un susto tremendo el lunes cuando, al abrir su mochila a la vuelta del segundo recreo, descubre en su interior un papel doblado.

«Lo que me faltaba –piensa, en un rocambolesco equilibrio entre el desfallecimiento y el humor negro–, una nota; a ver si por lo menos el anónimo autor ha tenido la delicadeza de escribir su nombre...».

Es que Ángel ya ha pasado hoy por el potro de los ademanes insultantes de Selmo y compañía, por los grilletes de las miradas ilegibles de Clara, por el aceite hirviendo de la presencia del medio delincuente Picó, por la dama de hierro de la figura intocable de Nuria, por los innumerables alfilerazos de los liliputienses de su clase y por el abrazo a veces asfixiante del amor materno.

Desdobla la hoja. La lee. No puede creérselo.

* * *

*14 de febrero*

Hola, Pilar.

Hace unos días hablé con el tío de Jorge. Me contó q Jorge vivía en una familia muy mala q sus padres se peleaban pero de verdad y a él lo trataban con mucho desprecio.
Oye ya ves q estoy haciendo un esfuerzo para escribir bien otra vez. Es q así practico para q en la libreta todo lo q escribo me quede bien con estilo y no demasiado feo para ver si puedo escribir una historia. Q te parece?????????

Las cosas están cambiando y parece q el misterio no es tanto lo que le pasaba por la cabeza a Jorge como la vida de mis compañeros de clase. Yo creía q eran como los veía todos los días pero es q en realidad no los conozco.
Hoy tenia una nota en la mochila y no se quien me la ha puesto ahi. La copio

Ten cuidado. Elige bien a tus amigos. Selmo tiene problemas. Va a un psicólogo. No le insistas con el tema de Jorge. Déjalo ya. A nadie le gusta que preguntes.

Q te parece? Por eso vi a Selmo con la orientadora. Pero quien me ha escrito esta nota?
Esta tarde viene a mi casa la abuela Paula.

* * *

PAULA entra en el cuarto de Ángel para saludarlo. El jueves no podrá ir a su casa, así que lo hace el martes, a pesar de la presencia de Carlos.

Esta vez, Ángel sí tiene muchas ganas de verla y quiere salir a recibirla, pero piensa que será mejor que ella entre en su habitación, para que así puedan quedarse un rato a solas.

–Abuela, espera. Me gustaría hablar contigo.

Paula asiente con la cabeza. Va hacia la puerta y la cierra. Hace mucho que espera este momento.

–¿Qué pasa, Ángel? –su voz suena más profunda y aterciopelada que nunca. Sus ojos verdes parecen lechos de mullida hierba.

–No hace mucho oí cómo papá y mamá discutían. En voz muy alta –hace una pausa para coger aire–. ¿Tú sabes si se van a divorciar por mi culpa? Porque yo sé que no me he portado muy bien últimamente...

Paula lo mira con infinita compasión.

–No, nada de eso –y Paula se levanta y abraza a su nieto, que le devuelve el abrazo con todas sus fuerzas–. Creo saber a qué discusión te refieres. ¿Sabes? El problema, fíjate qué desencaminado ibas, no eres tú. A veces nos creemos el centro del mundo incluso cuando no nos conviene... El problema soy yo. Sí, sí, no pongas esa cara. Tus padres andan discutiendo la posibilidad de que yo me venga a vivir con vosotros, y no se ponen de acuerdo. Es normal que a veces se alteren. No son decisiones sencillas. Yo todavía me valgo por mí misma, a pesar de mis dolores, pero es cierto que en poco tiempo tal vez necesite mucha ayuda. Las cosas de los adultos son un lío, Ángel. Mis otros hijos tienen también que decir lo que crean oportuno, y no es fácil llegar a una solución que deje a todos contentos. Pero todo esto a ti no tiene que afectarte. No tendrías que haberte enterado, para empezar. No tengas prisa en crecer, Ángel, disfruta del pequeño mundo que habitas ahora, porque dentro de no muchos años tendrás que perder toda esa inconsciencia que ahora te protege del sufrimiento –Paula habla con el corazón, parece no recordar que su nieto, a pesar de su corta edad, ya conoce el sabor de la amargura–. Quítate de la cabeza que tus padres se vayan a divorciar. De todas formas, jamás se divorciarían por tu culpa. Eso es imposible.

Ángel siente como si le hubieran quitado un bulto pesadísimo de la boca del estómago. Al mismo tiempo piensa que los jóvenes pocas veces se hacen una idea completa del mundo que les rodea, del mundo de los adultos; pero también se da cuenta de que estos, a pesar de toda su experiencia, muchísimas veces ni se imaginan la complejidad del mundo de los jóvenes, como si hubieran olvidado su propia juventud.

* * *

Los carnavales son inminentes.

Los chavales hacen planes para disfrazarse y salir de fiesta este fin de semana. Se respira el ambiente previo a los grandes acontecimientos históricos, tipo concierto, partido de fútbol o primer cigarrillo. Este ambiente se traduce en clases echadas a perder gracias al esfuerzo de los alumnos, que se empeñan en que la fiesta empiece casi una semana antes de lo que dicta el calendario.

Nuria se vuelve a acercar a Ángel. Esto también es un acontecimiento de relevancia histórica, o al menos biográfica. Es viernes. Están en el segundo recreo. El patio es un hervidero. El buen tiempo no solo acompaña, sino que además empuja a desentumecer los miembros.

Nuria le habla de cosas de clase, de cosas sin importancia. Ángel está convencido de que la nota anónima la ha escrito Nuria para advertirle del peligro, para ayudarle. Pero no se lo dice. Es ella quien saca el tema.

–¿Sabes por qué no te habla la gente? Porque dicen que estás investigando por qué se suicidó Jorge. Y lo has puesto todo por escrito. Y además lo vas a publicar –Nuria le expone brevemente lo que se comenta en los corrillos del centro–. Y a nadie le gusta que otros lean lo mal que se han portado con Jorge. ¿Qué te parece?

–Algunas cosas son ciertas, otras no lo son, por lo menos todavía. Sí quiero saber por qué Jorge hizo algo que no tenía vuelta atrás, de lo que no podía arrepentirse. Imagínatelo, la sola idea de que no vas a poder dar marcha atrás ya tendría que conseguir alejarte del suicidio –parece que Nuria sí se lo puede imaginar, porque se pone lívida como cirio funerario–. Sí es verdad que estoy escribiendo lo que voy averiguando. Pero no sé si algún día lo publicaré. Por ahora no hay nada de eso. Pero ¿por qué no? Es un tema que nadie toca, pero que todos nosotros sabemos que está aquí, con nosotros, y nos afecta, y nadie habla de ello. Ni siquiera los que han pasado por ello –esto lo dice Ángel con enfado, con acritud, molesto por la perenne cobardía de sus compañeros.

–Pero no niegues que puedes molestar a alguien –insiste Nuria.

–Puedo contarlo como si fuera una novela, ¿entiendes?, una obra de ficción, con nombres inventados y todo eso. Así, nadie se sentiría aludido.

–Ángel –los ojos de Nuria lo taladran con suavidad–, ¿no te gustaría que yo le echase un vistazo a lo que has escrito? Bueno, aunque esté mal que yo lo diga, redacto bastante bien...

Ángel se ruboriza como una tierna zagala ante aquellas palabras. Desde luego, no se puede decir que Nuria no se exprese bien, no. Es ya la segunda mujer que le ofrece echar un vistazo a sus escritos. De nuevo, la elección entre dos mujeres: ¿Belén o Nuria? Esta vez lo tiene claro: Nuria.

–Muchas gracias, Nuria. Acepto tu propuesta de colaboración. Muchas gracias, por todo –con esta pausa y el énfasis que pone en las dos palabras finales, Ángel pretende que Nuria se dé cuenta de que él le agradece lo de la nota. Pero ella, discreta, hace como que no se entera.

–¡Bien! Mañana habrá mucha gente disfrazada por la calle. A mí me encantan los carnavales, la idea de tener unos días al año en los que está permitido, y casi obligado, ser otra persona, ¡o no ser una persona!, volverse un poco loco, ¡perder el control!, ¡el mundo al revés! –extrañas palabras en boca de Nuria, piensa Ángel, sorprendido ante esta nueva cara de Nuria, desconocida por él, oculta como la de la luna; le gusta, se siente imantado y no puede resistir el deseo de ver la nueva faz de Nuria–. ¿Quieres que quedemos? Así podrás dejarme tus papeles. ¡No me digas de qué te vas a disfrazar! Que sea una sorpresa, a ver si nos reconocemos. ¿A las nueve y media, en el Luz de Gas? ¿Lo conoces? Vale. Pues hasta mañana, Ángel.

* * *

*19 de febrero*

¡Hola, Ángel! ¡Cuánto me alegro de que te hayas hecho amigo de Nuria! Seguro que ella te puede echar una mano. Y si realmente quieres escribir algo en serio y publicarlo, a lo mejor puedo ayudarte. Tengo amigos en Filología Hispánica relacionados con alguna que otra editorial, y podrías enviarles lo que escribas. ¡Seguro que si yo les digo que eres mi primo, te leerán el original con especial cariño!

¡Suerte para esta noche de máscaras y apariencias y juegos de don Carnal contra doña Cuaresma!

* * *

Es más sábado que nunca.

El Luz de Gas está en la zona de marcha de la ciudad. Es un bar muy concurrido por los adolescentes. Está decorado con motivos góticos y *gore:* calaveras, demonios, monstruos... Da un poco de miedo: la oscuridad inventa esquinas como arenas movedizas, en las paredes luchan en abrazos de tornillo el rojo sangre y el negro muerte. Fantasmales y sanguinolentas imágenes te asaltan desde el techo, desde el suelo, como aparecidos de ultratumba que han venido a cogerte por sorpresa de un tobillo, del pelo, y quieren arrastrarte hacia su mundo de noche voraz. La fiesta de disfraces no puede tener un escenario más adecuado, más siniestramente a tono.

Ángel no se disfraza. Él dice que va disfrazado de «Ángel», jugando con el significado de su nombre. Y no es que no se disfrace por vergüenza o porque no se le haya ocurrido nada original; más bien lo que lo ha impulsado a no disfrazarse ha sido un prurito de coquetería, un impulso de vanidad. No quiere, en su primera cita con Nuria, llevar una pinta grotesca o ridícula.

Llega al bar a las nueve. Las ganas le han metido prisa. La gente hace mucho ruido, pero más ruidosa es la música: Linkin Park, Limp Bizquit, Metallica, los añejos Black Sabbath... El alboroto huele a alcohol. Los gritos histéricos y las risas descabelladas se arremolinan en los intersticios que dejan las carreras ciegas, los movimientos intimidadores.

No le apetece estar solo allí dentro y sale a la calle a tomar el fresco. Pero la calle se parece a un coso por el que desfilan satanes y payasos diabólicos. Decide echar a andar e irse a sentar al pie de un portal en una calle cercana, sin bares.

De repente, a Ángel se le hiela la sangre.

El corazón se le para durante una fracción de segundo.

El terror se apodera de su cuerpo.

No lejos de él ve a un chico disfrazado como el loco de la motosierra de la película *La matanza de Texas*. Pero en vez de la sierra mecánica blande un hipnótico bate de béisbol de aluminio.

El chico lleva la cara oculta detrás de la espantosa máscara del asesino, y en la parte delantera de la camiseta se ve el dibujo de un ángel con la cabeza abierta como una sandía madura reventada a golpes.

El chaval empuja a una chica al suelo. Extasiado de puro miedo, Ángel contempla aquel paradigma de la violencia y la ira.

Ahora se dirige hacia él. Sí. Va con paso lento, regodeándose en la morosa aproximación. Viene golpeando el bate de béisbol en una mano, con ritmo, en claro gesto amenazador.

Ángel está paralizado.

El grito de la chica atrae su atención y lo sacude, lo despierta. Está confundido como quien abre los ojos de un profundo sueño.

La chica es... Sí, la chica es Clara. ¿Está disfrazada? Está disfrazada de... ¿prostituta? Hermosa, sensual, su belleza conmueve las tripas y no deja lugar a la dulce contemplación estética: es una invitación a lo más carnal del carnaval. Y ese cuerpo, como de Eva vestida con la piel de la serpiente, contrasta con la angustia de su grito.

¿Qué grita? ¿QUÉ?

Ángel por fin lo entiende.

Clara está gritando:

–¡VAMOS, PICÓ, DALE, DALE!

* * *

LE habría gustado cerrar los ojos cuando ve que el enmascarado levanta el bate para dejarlo caer sobre él. Pero no puede: Ángel tiene los ojos abiertos de par en par y lo que ve no es la peligrosa realidad que se cierne sobre él; lo que ve, como en un sueño sonámbulo, como quien sueña con los ojos abiertos de par en par, es el cuerpo pesado y rígido de Jorge con los pies levitando de forma fatal.

«Por fin –se dice Ángel–, por fin recuerdo cómo lo vi, esta es la imagen que había olvidado: cuando encontré a Jorge, yo ya no podía hacer nada por él. Adiós, Jorge».

Al sentirse en peligro, al notar que la muerte puede golpearlo, Ángel se identifica con Jorge, y el miedo real, el miedo que había sentido Jorge ante Selmo, el miedo que siente él ahora, es más grande que el miedo a los recuerdos.

Ángel cierra los ojos como quizá también hizo Jorge al sentir que se le iba la vida y ya no había marcha atrás.

Espera el golpe definitivo.

Y el golpe se oye y él no siente nada.

Sí, siente que alguien se abalanza sobre él y lo inmoviliza, lo atenaza. No, no es la tenaza de la violencia que inmoviliza para aplastar: es el placaje del cariño, es un abrazo; alguien lo está abrazando. Si aquel golpe fue real, no lo recibió él.

Ángel abre los ojos y se encuentra en los brazos de Clara, tierna como un ángel caído. Su rostro está bañado en lágrimas.

«Bien –se dice Ángel–, he recibido el golpe, me he vuelto insensible, me he muerto y ahora estoy en el cielo; o en el infierno, no sé».

En el suelo, el enmascarado se retuerce de dolor, encogido. Se lleva las manos a las espinillas. A su lado, otro chaval, disfrazado de esqueleto de los pies a la cabeza, se apoya en una especie de larga vara en forma de hueso.

Una mínima multitud observa la escena desde una temerosa distancia.

–Clara... –consigue decir Ángel, confundido y sin saber si sentir amor o pavor.

Su confusión, en vez de disiparse, aumenta cuando el chico en el suelo se desprende de la máscara para dejar a la vista el rostro de Selmo. En medio de aquel caos de novedades, Ángel solo tiene la lucidez suficiente para mirar el reloj.

–Son las nueve y cuarto. Por favor, vamos al Luz de Gas.

Selmo se queda tirado en la calle. Ya vendrán sus amigotes a aliviar sus penas.

Ángel, Clara y el Esqueleto entran en el bar y se sientan en un rincón retirado. Ángel todavía no se ha repuesto totalmente del susto.

–No entiendo nada, Clara. Tú... Yo pensaba que tú... –Ángel es incapaz de articular un discurso ordenado.

–Ángel, Ángel, no te dejes engañar por las apariencias –la frase de Clara es elocuente, a pesar de resultar enigmática.

–Yo pensaba que tú eras amiga de Selmo. Y luego pensé que te habías aliado con Picó para asustarme, para que yo dejara de preguntar acerca de Jorge. Pero... No entiendo nada. No he entendido nada...

–Selmo y yo somos vecinos, lo sabes –Clara empieza su historia con calma; cruza las piernas y se coloca su reluciente melena–. Lo conozco desde que éramos muy pequeños. Selmo puede ser muy divertido, pero no es buena persona. Tampoco él tiene la culpa de ser como es, imagino, pero es responsable de lo que hace porque ve las consecuencias de sus actos y no mueve un dedo para cambiar –ahora traen las bebidas y las ponen en la mesa. Clara se inclina para coger la suya y por su generoso escote asoma una piel suave–. Ha sido criado como un niño caprichoso y se ha convertido en un bicho egoísta y violento. En su casa atormenta a sus padres, y en la calle, a todo aquel que le cae mal. Yo fui a fiestas con Selmo, es cierto, pero vi cómo se pasaba de la raya y hace tiempo que me limito a mantener con él una relación cordial pero distante.

–Selmo va a un psicólogo –dice Ángel, mientras todavía se recupera del susto.

–Veo que te has enterado de muchas cosas –Clara lo mira con divertido asombro–. Sí que va a un psicólogo, pero por ahora no se ha producido ningún cambio en él. Es impermeable a cualquier buena influencia. Cuando se enteró de que Jorge también iba, lo puso en su línea de fuego. Porque lo malo fue que un día coincidieron en la sala de espera. En la sala de espera del mismo psicólogo, claro. Selmo no podía consentir que nadie se enterara de un secreto tan humillante desde su punto de vista. Y no se contentó con amenazar a Jorge –Clara le da un sorbo a su bebida para remojar sus labios rojos.

–Y tampoco podía permitir que yo me enterase de su secreto –Ángel, que va recuperando el dominio de su mente y de sus sentidos, no pierde detalle de los movimientos de Clara.

–Así es.

El Esqueleto ha permanecido en silencio todo este rato. Se había levantado y ahora regresa con la cara descubierta. Picó.

–Yo lo supe porque me lo dijo Nuria –Clara sonríe a Picó en un evidente signo de complicidad.

–¿¡Nuria!? –ahora sí que el estupor de Ángel no tiene medida–. ¿Qué tiene que ver Nuria con todo esto? Yo he quedado con ella aquí para darle lo que he ido escribiendo... Y tú, Picó...

–Picó es muy buen amigo mío desde hace meses –le responde Clara–. Hemos coincidido por ahí y nos llevamos de maravilla. Le pedí ayuda para que te protegiera de Selmo.

Definitivamente, Ángel se queda con una cara de lelo que habla por sí misma.

–Todo, todo lo entendí mal, mal, mal... Pero... ¿Nuria?

* * *

SE han acostumbrado al ruido de fondo. Han pedido otra consumición. Este año, el carnaval está resultando una mascarada para quitarse las máscaras.

–Nuria me habló del encuentro entre Selmo y Jorge en la sala de espera del psicólogo –sigue contando Clara–. A Nuria se lo dijo Jorge.

–Pero... –no, Ángel no está preparado para tal cúmulo de datos inesperados–. Pero... ¿qué relación tenían Nuria y Jorge?

–Jugábamos al ajedrez.

Los tres giran sus cabezas al oír la voz de Nuria. Ha llegado justo a tiempo para escuchar la pregunta de Ángel y darle cumplida respuesta.

Nuria va disfrazada de bruja. Su cara es pálida, y sus ojos se hunden en unas cuencas color carbón. La ropa realza sus mágicas curvas, que forman en su cuerpo un sortilegio de encantos. Ángel ya no sabe dónde reposar sus ojos.

–Íbamos por las tardes al instituto a jugar al ajedrez –Ángel ve aparecer en el teatro de su cabeza la figura acerada e inexplicablemente benigna del Raya–. Yo estoy en el equipo –Nuria se sienta al lado de Picó. Y parece que no hacen mala pareja, se dice Ángel, celoso–. Jorge no pertenecía al equipo, pero iba a jugar con nosotros.

–Pero él no hablaba con nadie –dice Ángel, algo más acostumbrado a las maravillas que le rodean.

–Se ve que le gustaba hablar conmigo –responde Nuria, un tanto esquiva–. Una tarde me contó lo de su encuentro con Selmo. Yo se lo conté a Clara cuando Jorge se suicidó. Sabía que Clara era muy amiga de Picó.

«Desde luego –piensa Ángel–, he vivido encerrado en mí mismo y no me he enterado de nada de lo que sucedía a mi alrededor».

–Y yo tenía miedo –continúa Nuria–, miedo de que Selmo se enterase de que yo conocía su secreto y fuese también a por mí. Si el secreto deja de ser un secreto, pensé, entonces Selmo bien podría ser indulgente conmigo. Ya sé que parezco maquiavélica, pero tenía que protegerme. Siento haberos usado de esta manera –dice Nuria mirando a Clara y a Picó, que le devuelven una mirada de comprensión–. Esperaba que me protegierais. Y, mira, Ángel, al final han tenido que protegerte a ti.

–¿Y por qué querías mis escritos, Nuria? ¿Por qué te contó Jorge el secreto? –Ángel necesita respuestas. Hay piezas que le faltan en su rompecabezas.

–Quizá yo pueda adivinarlo –aventura Picó, estrenándose en la conversación–. Tú también tenías un secreto, Nuria. Tú también tienes un secreto. ¿Me equivoco? –Nuria lo mira de hito en hito. Clara y Ángel los miran expectantes–. Temes que Ángel haya averiguado algo que te afecta, y que esa información salga a la luz, ¿no?

–Sí –la voz de Nuria parece gastada, agrietada. Su misma imagen parece reflejada en uno de esos espejos que distorsionan. Es el espectro de un alma en pena–. Supongo que en el fondo me pasaba lo mismo que a Selmo, qué curioso... Supongo que me pasaba lo mismo que a ti, Ángel. Todos nos sentíamos culpables de la muerte de Jorge. Y yo me siento más culpable que nadie.

* * *

—¿CULPABLE? –pregunta Ángel, atendiendo al reclamo de aquella maldita palabra.

–Jorge era un poco raro incluso cuando no estaba padeciendo la tortura a la que todos, sin excepción, le sometíamos –Nuria hace un barrido con la mirada a su alrededor–. Una tarde me confesó que yo le gustaba, bueno: que me quería. Y casi se me echa encima para besarme y todo eso.

Ahora les toca a todos el turno de la gran sorpresa. Ángel se alegra de no ser el único que pone cara de tonto.

–Conseguí detenerlo. Fue una situación muy desagradable –y Nuria tiembla con el escalofrío del recuerdo–. Lo peor era que Jorge quería estar cerca de mí siempre, no jugaba con nadie más, y esto llegó a hacérseme muy incómodo. Supongo que quería ganarse mi confianza a la espera de que, de tanto ir el cántaro a la fuente, yo me rompiera ante sus torpes artes para cortejar. Y me contó lo de Selmo en un rapto de confianza, de una confianza que yo no deseaba. De inmediato, me di cuenta del peligro de saber demasiado. Y, en vez de pensar en ayudarlo, pensé en mí, en salvarme yo.

–¿Y por qué te sientes culpable? –inquiere Picó, no contento con la explicación que le han dado.

–Pero antes de las vacaciones me pidió que fuese su novia. Uf. Le dije que no. Me pidió que le diese un beso. Aquello volvía a resultar de lo más embarazoso. Siento decir esto, ya sé que puede parecer que insulto a un muerto, y eso no está bien, pero Jorge, cuando se ponía así, parecía un sapo lúbrico que babeaba por frotarse contra mí.

«Jo –piensan todos, cada uno a su manera–, esta Nuria no se anda con bobadas a la hora de describir las cosas. Quién lo hubiera dicho de ella...».

–Me pide el beso y le digo que no. Estoy segura de que le transmití el asco que yo sentía.

Sí, los demás están de acuerdo en que Nuria es muy capaz de transmitir cualquier cosa que se proponga. Ángel no deja de sentir un poquito de envidia al darse cuenta de la habilidad de Nuria como narradora. Ojalá él fuese tan bueno como ella, piensa con ánimo agridulce.

–Me dijo que si no le daba un beso en la boca, se mataría.

«Bien –piensa Ángel–, he aquí la gota que colmó el vaso», en palabras de Alicia, la orientadora de su instituto. Aquella conversación había merecido la pena. De no haber sido por eso, ahora Ángel no habría captado toda la trascendencia de lo que Nuria les estaba contando.

–Y yo volví a decirle que no. Al día siguiente, Ángel, lo encontraste ahorcado –¿es magia? Cuando Nuria habla, los demás solo oyen su voz: la música ha desaparecido como una leve huella en la arena bajo la marea alta de su historia–. Te pedí tu escrito para destruirlo. No quería que nadie se enterase de esto. ¿Acaso no le puse yo la soga al cuello?

–No, no, no –protestan todos. Ángel está más exaltado que sus amigos, que sus nuevos amigos. Parece incluso invadido por una felicidad improcedente, sacrílega.

–No, Nuria, no. Os voy a contar todo lo que he llegado a averiguar.

Ángel saca de debajo del jersey la famosa libreta, la manzana de la discordia, el tesoro más buscado de la ciudad en aquellos instantes, y les desgrana el resultado de sus andanzas y pesquisas: la llamada de teléfono a los padres de Jorge; las conversaciones con Belén, Alicia y don Fernando; el trepidante encuentro con el Raya, tío de Jorge; la pintada en su mesa, el encontronazo con Picó en el pasillo, la nota anónima en su mochila, el intercambio de correos con su prima Pilar…

–Conozco al Raya –es Picó el que habla–. Mi barrio es tan malo como el suyo, y todos nos acabamos conociendo. No es un mal tío, pero se mete en muchos líos... La pintada no sé quién te la habrá hecho, pero yo apostaría por Selmo o alguno de sus esbirros. La nota te la escribió Clara. Y nuestro encontronazo era para poder advertirte del peligro que te acechaba. En fin, se ve que las cosas casi nunca salen como se tiene planeado.

A medida que escucha, Ángel se repite que aquellas personas son más complejas y extrañas de lo que nunca había llegado a calibrar.

–Yo creo –dice Ángel tomando la palabra– que todos nos sentimos un poco culpables porque pensamos que podíamos haber hecho algo para evitar la muerte de Jorge. No lo sé. Está claro que dar un beso –y esto lo dice Ángel mirando a Clara– cuando uno no quiere darlo no es ninguna ayuda. ¡Qué difícil es todo! Uf. Jorge tuvo una vida muy triste. Para empezar, su familia no fue lo que se espera de unos padres. Y fuera de casa, cada día, constantemente, tenía que soportar las torturas que conocemos –las piezas del puzle encajan con precisión vertiginosa en la mente de Ángel–. Jorge lo pasó fatal, más de lo que podamos imaginar –se le hace un nudo en la garganta, traga saliva y se calla, pues esto ha llegado a entenderlo porque él mismo lo ha pasado tan mal como Jorge, pero en el caso de Ángel el tormento duró un tiempo, mientras que para Jorge fue toda su vida, día tras día, día tras día–. Pero, ¿sabéis?, yo creo que aún podemos hacer algo por él.

–Eso no es posible –dice Nuria secándose las últimas lágrimas.

–Escuchad.

* * *

HAN pasado los carnavales, y las vacaciones de Semana Santa están a la vuelta de la esquina. Durante estas semanas han sucedido cosas que nos hacen pensar que esta historia es una tragedia. Si fuese una comedia, una comedia de enredo, al final todo encajaría de manera irreal para que el nudo se deshiciera en un feliz desenlace. Pero no es así.

Queda, por una parte, un cabo suelto. No se ha arreglado la situación de Paula, la abuela de Ángel. Ella todavía no quiere dejar su casa, eso para empezar, y sus hijos no se ponen de acuerdo sobre qué decisión tomar: llevarla a un asilo, dejarla en casa de uno de ellos, hacer que vaya de casa en casa y tiro porque me toca... Por desgracia, en todos estos embrollos familiares el corazón late en un medio compuesto de memoria, rencillas, envidias, intereses y otras sustancias ponzoñosas.

Por otra parte, lo que sí ha terminado es la investigación oficial sobre la muerte de Jorge. Las decisiones de la justicia no se discuten. Si una de las partes recibe su golpe, puede alegar, recurrir, dirigirse a instancias superiores. Pero no parece que el IES Anselmo Leal, con don Fernando a la cabeza, vaya a seguir esa vía. Tenía razón el director del centro, había que encontrar un culpable, y no importaba tanto la «depuración de responsabilidades»: rodó su cabeza, una cabeza de turco que valía un importante número de euros. Seguro que los padres de Jorge, el señor Vega Sicilia y doña Abogada, han encontrado en este dinero la paz de conciencia y espíritu por la que suspiraban.

En el claustro celebrado esta misma semana se ha determinado eliminar escaleras de mano, cuerdas, actividades extraescolares, salidas y excursiones; se ha cerrado el centro como si fuera una cárcel, y los profesores solo impartirán sus clases y no atenderán ningún otro aspecto: ante cualquier contingencia, se llamará a los padres para... ¿para qué?, se preguntan algunos profesores, tal vez demasiado escépticos.

* * *

*16 de marzo*

Hola, Pilar.

¡Estoy deseando que vengas a pasar aquí la Semana Santa! ¡Solo faltan dos días!

Las cosas han cambiado, todo se ha aclarado. Nuria, Picó, Clara y yo hemos estado hablando. Cada uno de nosotros tenía una pieza del puzle de la vida y la muerte de Jorge.
No les hemos contado nada a los adultos, pero queremos hacer algo por la memoria de Jorge.
Les he explicado tu idea de decir hola y adiós. ¡Y les ha gustado mucho! Los cinco hemos dicho adiós al fantasma de Jorge en una ceremonia íntima y silenciosa: alrededor de la mesa del Luz de Gas, nos cogimos de la mano formando un círculo, cerramos los ojos y cada uno se despidió de Jorge. Fue un momento muy emotivo.
Ahora queremos decirle hola a su memoria, queremos darle a Jorge la luz que no tuvo en vida.

Por eso, todos han estado de acuerdo en que escriba esta historia como si fuese una obra de ficción, no para mentir, sino para decir por fin la verdad.

Y la verdad es que ahora estoy amedrentado, porque ¡no veas qué bien cuenta las cosas Nuria! Yo le propuse que escribiese ella, pero me dijo que ni hablar, que eso tengo que hacerlo yo.

¿Sigue en pie tu oferta de enviar el texto a tus amigos?
Ya sé que no hay garantías, que lo más probable es que rechacen el librito, pero ¡queremos intentarlo!

¡Qué historia, Pilar!
Lo más hermoso y lo más importante no ha sido averiguar por qué se suicidó Jorge. La tristeza no reporta ninguna satisfacción. En realidad, no sé por qué lo hizo. Quizá, en el fondo, ni él mismo lo supo. La desesperación es lo opuesto a la reflexión.

Lo más hermoso e importante ha sido que esta muerte ha dado vida a nuevas amistades y ha enterrado prejuicios y pensamientos infantiles, erróneos.
Yo ya no soy el que era.
Y esto tampoco significa que ahora todo esté bien y vaya a ir siempre bien. ¡Significa que ahora tengo nuevos y más grandes líos en la cabeza!
No sé si me gusta más Nuria o Clara. ¡Es que me gustan las dos! A ver qué puedo hacer.
No sé si darle a Selmo una oportunidad. Últimamente parece menos cruel, aunque no ha pedido disculpas. ¡Tiene un carácter endemoniado!
Ya ves, ¡ahora sé menos que antes, NO SÉ NADA!

Pero quiero llegar a saber, eso sí lo sé.

Ya no sueño con Jorge, ya no pienso en él.

Besos.

* * *

*17 de marzo*

Querido Ángel:

¡Ya verás lo que nos vamos a divertir cuando esté ahí! Me vas a tener que llevar por esos sitios de marcha que tu pobre prima, ratón de biblioteca, no conoce. ¡Y quiero conocer a tus amigos, no lo olvides!

Es estupendo todo lo que cuentas. Es estupendo ¡que tengas esos líos mentales!!!!!!!!!

Eso es buena señal, te lo aseguro.

Envíame tu relato por correo electrónico en cuanto lo termines. ¡Lanzaremos tu mensaje en la botella literaria!

Por cierto, ¿has pensado en el título?

¡BESOTES!

* * *

***Hello Goodbye***

*Para ti, Pilar*

# Índice

# Títulos publicados

1. Robert Swindells, *Calles frías*
2. Heinz Delam, *La maldición del brujo-leopardo*
4. Oriol Vergés, *Un pueblo contra los Hamid*
5. Anja Tuckermann, *Muscha*
7. José Luis Velasco, *Atrapado en la oscuridad*
9. Alfredo Gómez Cerdá, *El beso de una fiera*
10. Concha López Narváez y Carmelo Salmerón, *El visitante de la madrugada*
13. Fernando Lalana, *El paso del estrecho*
15. Heinz Delam, *La selva prohibida*
16. Jordi Sierra i Fabra, *Retrato de un adolescente manchado*
18. José María Latorre, *La leyenda del segundo féretro*
19. Els de Groen, *Casa sin techo*
20. Eliacer Cansino, *El misterio Velázquez*
22. Jordi Sierra i Fabra,
    *Un hombre con un tenedor en una tierra de sopas*
26. Christian Grenier, *El ordenador asesino*
27. Heinz Delam, *Likundú*
28. Concha López Narváez y Miguel Salmerón,
    *Hola, ¿está María?*
29. José María Latorre, *Pueblo fantasma*
30. Alfredo Gómez Cerdá, *La última campanada*
31. José Ramón Ayllón, *Vigo es Vivaldi*
33. Jordi Sierra i Fabra, *97 formas de decir «te quiero»*
38. Juana Aurora Mayoral, *Seis cerezas y media*
39. Santiago Herraiz, *Amordazados*
40. José María Latorre, *La mano de la momia*
41. Marisol Ortiz de Zárate, *Los enigmas de Leonardo*
42. José Ramón Ayllón, *Diario de Paula*
43. Concha López Narváez, *Los pasos del miedo*
44. Santiago Herraiz, *Jaque en la red*

46. Fernando Lalana, *Amnesia*
47. Jordi Sierra i Fabra, *En una esquina del corazón*
49. Roberto Vivero, *Hello Goodbye*
50. Heinz Delam, *La noche de las hienas*
52. Jordi Sierra i Fabra, *Sin tiempo para soñar*
55. Francisco Díaz Valladares, *La venganza de los museilines*
56. José María Latorre, *Después de muertos*
57. Marcial Izquierdo, *El último día de mi vida*
58. Francisco Díaz Valladares, *El último hacker*
59. Carlos Puerto, *Zumo de mango*
60. Jordi Sierra i Fabra, *Los olvidados*
61. César Fernández García, *No digas que estás solo*
62. Santiago Herraiz, *Llora Jerusalén*
63. Jordi Sierra i Fabra, *El funeral celeste*
64. Gianni Padoan, *Concierto de libertad*
65. José Ramón García Moreno, *Dos muertos y pico*
66. Francisco Díaz Valladares, *A orillas del mal*
67. Jordi Sierra i Fabra, *Anatomía de un «incidente aislado»*
68. Miguel Luis Sancho, *Días de lobos*
69. Jorge M. Juárez, *La misteriosa fragua de Vulcano*
70. Jordi Sierra i Fabra, *La canción de Mani Blay*
71. Concha López Narváez y María Salmerón, *El último grito*
72. Arturo Padilla, *Supervivientes detrás de las cámaras*
73. Enrique Páez, *Cuatro muertes para Lidia*
74. César Fernández García, *La niebla que te envuelve*
75. Andrés Guerrero, *Siempre estaré allí*
76. Eliacer Cansino, *El chico de las manos azules*
77. Francisco Díaz Valladares, *Terror bajo los hielos*
78. Juan Ramón Barat, *La sepultura 142*
79. Fernando Lalana, *La maldad o algo parecido*
80. Juan Ramón Barat, *Deja en paz a los muertos*
81. Juan Ramón Barat, *Clara en la oscuridad*
82. Jordi Sierra i Fabra, *Después del huracán*

PARALELO CERO

*Este libro se terminó*
*de imprimir en el mes*
*de febrero de 2016*